Heidelberger Taschenbücher Band 189

H. Kramer

Assembler IV

Supplement zum Lernprogramm

Mit 212 Abbildungen und Formularen

Dritte, überarbeitete Auflage

Springer-Verlag
Berlin Heidelberg New York
London Paris Tokyo 1988

Dipl.-Ing. HASSO KRAMER
Siemens Aktiengesellschaft, Schule für Kommunikations- und
Datentechnik, Region Südwest, Frankfurt/Main

ISBN-13:978-3-540-18370-9   e-ISBN-13:978-3-642-72998-0
DOI: 10.1007/978-3-642-72998-0

CIP-Kurztitelaufnahme der Deutschen Bibliothek.
Kramer, Hasso: Assembler / H. Kramer.
Berlin ; Heidelberg ; New York ; London ; Paris ; Tokyo : Springer.
Teilw. mit d. Erscheinungsorten: Berlin, Heidelberg, New York.
Bis Bd. 3 u. d. T.: Alletsee, Rainer: Assembler. 4. Supplement zum Lernprogramm. –
3., überarb. Aufl. – 1988.
(Heidelberger Taschenbücher ; Bd. 189).
ISBN-13:978-3-540-18370-9

NE: GT.

Dieses Werk ist urheberrechtlich geschützt. Die dadurch begründeten Rechte, insbesondere die der Übersetzung, des Nachdrucks, des Vortrags, der Entnahme von Abbildungen und Tabellen, der Funksendung, der Mikroverfilmung oder der Vervielfältigung auf anderen Wegen und der Speicherung in Datenverarbeitungsanlagen, bleiben, auch bei nur auszugsweiser Verwertung, vorbehalten. Eine Vervielfältigung dieses Werkes oder von Teilen dieses Werkes ist auch im Einzelfall nur in den Grenzen der gesetzlichen Bestimmungen des Urheberrechtsgesetzes der Bundesrepublik Deutschland vom 9. September 1965 in der Fassung vom 24. Juni 1985 zulässig. Sie ist grundsätzlich vergütungspflichtig. Zuwiderhandlungen unterliegen den Strafbestimmungen des Urheberrechtsgesetzes.

© by Springer-Verlag Berlin, Heidelberg 1977, 1982 und 1988.

Die Wiedergabe von Gebrauchsnamen, Handelsnamen, Warenbezeichnungen usw. in diesem Werk berechtigt auch ohne besondere Kennzeichnung nicht zu der Annahme, daß solche Namen im Sinne der Warenzeichen- und Markenschutz-Gesetzgebung als frei zu betrachten wären und daher von jedermann benutzt werden dürften.

Gesamtherstellung: Druckhaus Beltz, Hemsbach/Bergstr.
2362/3020-543210

Vorwort zur dritten Auflage

Die stärkere Betonung der Dialogprogrammierung in den Lernprogrammteilen I–III der vierten Auflage bedingt auch eine Anpassung der Inhalte im vorliegenden Teil. Insbesondere werden die vielfältigen Möglichkeiten der Datenein- bzw. ausgabe mit einem Datenverwaltungssystem hier konzentriert dargestellt. Dabei geht es nicht um Details, sondern um eine allgemein gehaltene übertragbare Darstellung der angewandten Datei-Makros in den Beispielen des Codier-Praktikums. Bis auf wenige Korrekturen im Testteil konnten die übrigen Abschnitte unverändert übernommen werden.

Frankfurt, im Dezember 1987   Hasso Kramer

Vorwort zur ersten Auflage

Die positive Aufnahme des Lernprogramms im Interessentenkreis gab den Anstoß, es durch Hinzufügen neuer Befehle und Anwendungsbeispiele zu erweitern. Damit werden vor allem den primär mit der Assemblersprache befaßten Programmierern in der kommerziellen Datenverarbeitung zusätzliche Arbeitshilfen geboten und neue Einsatzmöglichkeiten des Assemblers aufgezeigt.

Da der erwartete Trend zur Anwendung von problemorientierten Programmiersprachen vor allem wegen der in jüngster Zeit hinzugekommenen Aufgaben in der Datenfernverarbeitung nicht in dem erwarteten Umfang eingetreten ist, wächst der Bedarf an Assembler-Programmierern noch ständig an. Das vorliegende Komplement zum Lernprogramm trägt diesen Aspekten Rechnung und spiegelt damit auch die Tendenz wider, anlagenunabhängiges und standardisiertes Wissen sowie leicht erlernbare

Formalismen weitestgehend in einer zeitgemäßen, dem Lerntempo des einzelnen angepaßten Form zu vermitteln.

Die neue Aufgabenstellung hat dazu geführt, für den vorliegenden vierten Teil eine eigene Konzeption zu entwickeln, die sich von der der ersten drei Teile unterscheidet. Neben der Vermittlung weiterer Sprachelemente liegt das Hauptgewicht auf der Anwendung der Assemblersprache beim Lösen zahlreicher einfacher Aufgaben. Die Beispiele wurden so ausgewählt und erläutert, daß sie leicht nachzuvollziehen sind. Auf diese Weise soll der Lernende die Sicherheit gewinnen, die ihm als Anfänger den Weg in die berufliche Praxis erleichtert. Didaktische Überlegungen standen auch diesmal im Vordergrund bei der Auswahl und Darstellung der Assembler-Sprachelemente. Den Abschluß des vierten Teils bildet ein Codierpraktikum, in dem man die erworbenen Kenntnisse an umfangreicheren Aufgabenstellungen erproben kann.

Der vermittelte Stoff ist wiederum, wie schon bei den vorausgegangenen drei Teilen, auf die Siemens-Systeme 4004 und 7.000 und – wegen der Verwandtschaft der Assemblersprachen – andere, vergleichbare Systeme, z.B. das IBM-System 360/370, ausgelegt.

Dank und Anerkennung gelten auch diesmal wieder den Mitarbeitern der Siemens-Schulen für Datenverarbeitung, die das Vorhaben mit ihren Anregungen unterstützten, und dem Springer-Verlag für die freundliche Betreuung und Beratung bei der Ausstattung des vorliegenden Buches.

Frankfurt (Main), im Juli 1977 H. Kramer

Hinweise für Teil IV

Lernziel
Nach dem Durcharbeiten des vorliegenden Teils können Assemblerprogramme mit dem erweiterten Befehlsspektrum besonders komfortabel und aufgabengerecht codiert werden. Das gilt insbesondere für die Verarbeitung von Tabellen. Weiterhin lassen sich durch die Interpretation von Hauptspeicherabzügen einfache Programmierfehler selbst finden.

Voraussetzungen
Dieser Teil setzt zum erfolgreichen Durcharbeiten und zum Lösen der Praktikumsaufgaben die Kenntnisse voraus, die die Teile I, II und III des Lernprogramms vermitteln.

Handhabung
Teil IV ergänzt und erweitert die Kenntnisse über die Assemblersprache. Es wurde deshalb auf eine strenge Trennung in einen Lernteil und einen Lösungsteil verzichtet. Vielmehr soll durch die Vielzahl der Beispiele Sicherheit beim Lösen von Codieraufgaben vermittelt werden. Vorgegebene Musterlösungen lassen sich durch zusätzliche eigene Lösungen bestätigen. Die beiden Aufgaben des Codierpraktikums sind ein Abschlußtest, der ohne größere Mühen bestanden werden sollte. Der Anhang dient, wie in den vorangegangenen Teilen des Lernprogramms, als Nachschlagewerk.

Inhaltsverzeichnis

1. Runden und Erweitern von Rechenergebnissen 1
   1.1. Runden von gepackten Dezimalzahlen nach einer Multiplikation 1
      1.1.1. Methoden 1
      1.1.2. Runden von Rechenergebnissen und Eliminieren von Rechenstellen mit dem Befehl SRP 1
   1.2. Erweitern von Dezimalzahlen 5
   1.3. Vorzeichenprüfung von Dezimalzahlen 6
   1.4. Runden nach dem Dividieren 8
      1.4.1. Die Rundebedingung 8
      1.4.2. Runden in der Dezimalarithmetik 9
      1.4.3. Runden in der Dualarithmetik 11

2. Druckaufbereitung 14
   2.1. Gestaltung des Druckbildes 14
   2.2. Aufbereitung von Feldinhalten mit dem Befehl EDMK 14

3. Ein- und Ausgabe von Daten . . 17
   3.1. Komponenten des Betriebssystems 17
   3.2. Beschreibende Makros des DVS 17
   3.3. Verarbeitungs-Makroaufrufe 19
   3.4. Service-Makroaufrufe 20
   3.5. Definitionsbeispiel für Ein-/Ausgabemakros 21
   3.6. Steuern der Datenausgabe 22

4. Unterprogrammtechnik 24
   4.1. Rationalisierung der Programmierarbeit 24
   4.2. Codierbeispiele für ein- und mehrstufige Verzweigungen 24

5. Verschiebebefehle 28
   5.1. Funktionen 28
   5.2. Befehle und Befehlsformat 28
   5.3. Codierbeispiele 29
      5.3.1. Logisches Verschieben 29
      5.3.2. Arithmetisches Rechtsverschieben 29
      5.3.3. Arithmetisches Linksverschieben 30
      5.3.4. Festpunktüberlauf beim Linksverschieben 31
      5.3.5. Verschieben negativer Festpunktzahlen 32
      5.3.6. Anzeigen arithmetischer Verschiebebefehle 32
      5.3.7. Verschiebeoperationen im Registerpaar 33

6. Tabellenverarbeitung 35
   6.1. Merkmale 35

6.2.	Zählen und Verzweigen mit den Befehlen BCT und BCTR	35
6.3.	Codierbeispiele	36
	6.3.1. Addieren einer Zahlentabelle	36
	6.3.2. Ausgeben von Tabellenfeldern	37
	6.3.3. Umformen von Daten	38
6.4.	Verzweigen nach einer Indexabfrage mit den Befehlen BXH und BXLE	40
6.5.	Codierbeispiele	40
	6.5.1. Addieren einer Tabelle von Dezimalzahlen	40
	6.5.2. Lesen und Packen von Zahlen in eine Tabelle und Verarbeitung im Unterprogramm	42
	6.5.3. Tabellieren von Vertreterumsätzen	43
	6.5.4. Absuchen von Tabellen nach der Sprungmethode	46

7. Logische Verknüpfungen 50
  7.1. Die logische Verknüpfung als Schaltfunktion 50
  7.2. Die programmierbaren Funktionen 50
    7.2.1. Die ODER-Verknüpfung 50
    7.2.2. Die UND-Verknüpfung 51
    7.2.3. Die Ausschließendes-ODER-Verknüpfung 52
  7.3. Befehle und Befehlstypen 52
  7.4. Codierbeispiele 53
    7.4.1. Vorzeichenumwandlung 53
    7.4.2. Zurücksetzen eines Schalterbits 54
    7.4.3. Registerinhalt auf binär 0 löschen 54
    7.4.4. Ändern von Personenkennzeichen 55
    7.4.5. Verzweigen in eine Sprungtabelle 57
  7.5. Testen von Merkmalen, Schalterstellungen und Fehlerbytes mit dem Befehl TM 58
  7.6. Codierbeispiele zum TM-Befehl 58
    7.6.1. Abfragen eines Schalterbytes 58
    7.6.2. Verzweigen in Subroutinen 60
  7.7. Einsetzen von Zeichen in Register oder Hauptspeicherfelder mit den Befehlen IC beziehungsweise ST C 61

8. Umsetzen und Testen von Datenfeldern 63
  8.1. Funktionen des Befehls TRT (Translate and Test) 63
  8.2. Codierbeispiele 64
    8.2.1. Prüfen eines Eingabefeldes auf numerischen Inhalt .. 64
    8.2.2. Ermitteln von Feldlängen 65
    8.2.3. Verzweigen in eine Sprungtabelle 67

9. Modifiziertes Ausführen von Befehlen – der EX-Befehl 70

10. Fehlersuche im Programm mit Hilfe eines Hauptspeicherabzuges 72
  10.1. Programmunterbrechungsursachen 72
    10.1.1. Datenfehler 72
    10.1.2. Adressenfehler 72
    10.1.3. Divisionsfehler 73
    10.1.4. Dezimalüberlauf 73

10.1.5.	Festpunktüberlauf	73
10.1.6.	Nicht dekodierbarer Operationsteil	73
10.2.	Listen für die Fehlersuche	74
10.2.1.	Das Übersetzungsprotokoll	74
10.2.2.	Der Hauptspeicherabzug (Terminal Dump)	74
10.2.2.1.	Tabellen des Speicherabzugs	75
10.2.2.2.	Struktur des Speicherabzugs	75
10.2.2.3.	Vorgehen bei der Fehlersuche	75
11.	**Codier-Praktikum**	**83**
11.1.	Auflisten von Vertreterprovisionen	83
11.2.	Verarbeiten von Feldinhalten variabler Länge	96
12.	**Anhang**	**105**
12.1.	Dezimalbefehle	106
12.1.1.	Verschieben und Runden von Dezimalzahlen, SRP (Shift and Round Packed)	106
12.1.2.	Löschen und Addieren, ZAP (Zero and Add)	108
12.1.3.	Vergleichen arithmetisch, CP (Compare Packed)	109
12.2.	Festpunktbefehle	110
12.2.1.	Arithmetische Verschiebebefehle	110
12.2.1.1.	Linksverschiebung, SLA (Shift Left Single)	110
12.2.1.2.	Rechtsverschiebung, SRA (Shift Right Single)	111
12.2.1.3.	Linksverschiebung im Registerpaar, SLDA (Shift Left Double)	112
12.2.1.4.	Rechtsverschiebung im Registerpaar, SRDA (Shift Right Double)	113
12.2.2.	Logische Verschiebebefehle für Rechts- oder Linksverschiebungen im Register bzw. Registerpaar, SLL (Shift Left Single Logical), SRL (Shift Right Single Logical), SLDL (Shift Left Double Logical), SRDL (Shift Right Double Logical)	114
12.2.3.	Registerladebefehle	115
12.2.3.1.	Register laden und Inhalt prüfen, LTR (Load and Test Register)	115
12.2.3.2.	Register positiv laden, LPR (Load Positive Register)	116
12.2.3.3.	Register negativ laden, LNR (Load Negative Register)	117
12.2.3.4.	Laden eines Komplements in ein Register, LCR (Load Complement Register)	118
12.3.	Logische Befehle	119
12.3.1.	Übertragen des numerischen Halbbytes, MVN (Move Numerics)	119
12.3.2.	Übertragen von mehr als 256 Zeichen, MVCL (Move Long Characters)	120
12.3.3.	Die ODER-Verknüpfung, Or, OR, O, OC, OI	122
12.3.4.	Die UND-Verknüpfung, And, NR, N, NC, NI	124
12.3.5.	Die Ausschließendes-ODER-Verknüpfung, Exclusive Or, XR, X, XC, XI	126

12.3.6.	Testen mit einer Maske, TM (Test under Mask)	128
12.3.7.	Einsetzen eines Zeichens in ein Register, IC (Insert Character)	129
12.3.8.	Einsetzen von Zeichen in ein Register in Abhängigkeit von einer Maske, ICM (Insert Character under Mask) .	130
12.3.9.	Speichern eines Zeichens, STC (Store Character) ...	131
12.3.10.	Speichern von Zeichen in Abhängigkeit von einem Maskeninhalt, STCM (Store Character under Mask) ..	132
12.3.11.	Logischer Zeichenvergleich in Abhängigkeit von einem Maskeninhalt, CLM (Compare Logical under Mask) ..	133
12.3.12.	Aufbereiten von Dezimalzahlen zur Ausgabe, EDMK (Edit and Mark)	134
12.3.13.	Umsetzen und Testen von Datenfeldern, TRT (Translate and Test)	135
12.4. Sprungbefehle		136
12.4.1.	Springen in Abhängigkeit vom Registerinhalt, BCT, BCTR (Branch on Count)	136
12.4.2.	Springen wenn der Index größer als ein Vergleichswert ist, BXH (Branch on Index High)	137
12.4.3.	Springen wenn der Index kleiner als oder gleich einem Vergleichswert ist, BXLE (Branch on Index Low or Equal)	137
12.4.4.	Ausführen eines modifizierten Befehls, EX (Execute) .	138
12.5. Makroaufrufe		139
12.5.1.	Anlegen eines Dateisteuerblocks, FCB	139
12.5.2.	Datei eröffnen, OPEN	141
12.5.3.	Datei abschließen, CLOSE	141
12.5.4.	Lesen (bereitstellen) des jeweils nächsten Satzes, GET	141
12.5.5.	Ausgeben eines Satzes, PUT	142
12.5.6.	Steuern eines Gerätes, CNTRL (Control)	142
12.5.7.	Mitteilung an den Bedienplatz, TYPE	142
12.6. Befehlsübersicht		144
12.7. Anzeigentabelle zur Befehlsübersicht		145
12.8. Erweiterter mnemotechnischer Operationscode (Tabelle der Pseudosprungbefehle)		146
12.9. Gleichsetzen von Ausdrücken mit der EQU-Anweisung		148
Sachverzeichnis		149

Inhaltsübersicht Teil I

1. Grundlagentest, einführende Überlegungen und MVC-Befehl
2. Konstanten- und Speicherbereichsdefinitionen, Assembleranweisungen, Befehlsformat, Adreßpegel und Adreßbuch
3. Stufen zum Programmablauf
4. Ein/Ausgabe mit den Makroaufrufen GET und PUT
5. Vergleichs- und Sprungbefehle
6. Assemblerprotokoll und Test
7. Das wohlstrukturierte Assemblerprogramm
8. Lösungen und Erläuterungen zu den zahlreichen Fragen, Aufgaben und Programmübungen
9. Anhang in Form einer knappen Zusammenfassung aller behandelten Befehle und Anweisungen, jeweils mit Beispielen

Inhaltsübersicht Teil II

1. Relative Adressierung von Assemblerprogrammen (USING, BALR)
2. Programmierung der Ein/Ausgabe mit den Makroaufrufen des Ablaufteils RDATA und WRLST
3. Funktionsweise und Erläuterung der wichtigsten logischen Befehle, Sprungbefehle, dezimalarithmetischen Befehle sowie der dazu erforderlichen Konstanten- und Speicherbereichsdefinitionen
4. Programmierung eines Lohnabrechnungsprogramms
5. Lösungen und Erläuterungen zu den zahlreichen Fragen, Aufgaben und Programmübungen
6. Anhang in Form einer knappen Zusammenfassung aller behandelten Befehle und Anweisungen, jeweils mit Beispielen

Inhaltsübersicht Teil III

1. Festpunktarithmetik mit Registerbefehlen
2. Festpunktarithmetik mit RX-Befehlen sowie die Programmierung einer Tabellenverarbeitung als Anwendung der Indexadressierung
3. Adressenrechnung
4. Druckaufbereitung mit dem EDIT-Befehl an einer Vielzahl von möglichen Aufgabenstellungen
5. Code-Umsetzung mit dem Translate-Befehl
6. Spezielle Übungen und Programme zum gesamten Stoffumfang aller drei Teile
7. Lösungen und Erläuterungen der Fragen, Aufgaben und Programme
8. Anhang mit Zusammenstellung aller behandelten Befehle und Anweisungen

1. Runden und Erweitern von Rechenergebnissen

1.1. Runden von gepackten Dezimalzahlen nach einer Multiplikation

1.1.1. Methoden

Ein Weg, Produkte zu runden, ist bereits im Teil II des Lernprogramms gezeigt worden. Da in der Dezimalarithmetik mit „gedachtem" Komma gerechnet wird, mußten die Kommata vor der Verarbeitung der Zahlen in den Rechenfeldern eliminiert werden. Nach dem Runden wurden die „nicht mehr benötigten" Rechenstellen vor der Verarbeitung mit Nullen aufgefüllt. Durch die Anwendung des Befehls SRP (Shift and Round Packed) wird dieser recht umständliche und nicht allgemein gangbare Lösungsweg sehr vereinfacht.

1.1.2. Runden von Rechenergebnissen und Eliminieren von Rechenstellen mit dem Befehl SRP

Beispiel: Der Preis einer Kabellieferung errechnet sich als Produkt aus der Kabelmenge (z. B. 4,125 km) und dem Preis pro Kilometer (z. B. 31,50 DM/km). Durch Multiplikation ergibt sich ein Verkaufspreis, der 5 Stellen hinter dem Komma aufweist. Für den Rechnungsdruck (Ausgabe) muß der Betrag auf 2 Stellen hinter dem Komma reduziert werden, nachdem zuvor gerundet wurde. Die Kabelmenge sei der Inhalt des Feldes mit der Adresse KAB, der Kilometerpreis sei ab der Adresse DM abgespeichert.

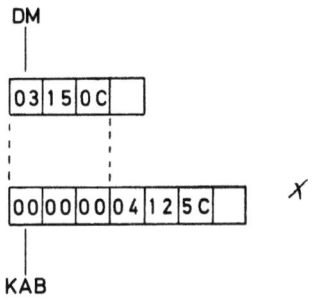

1

Mit dem Befehl

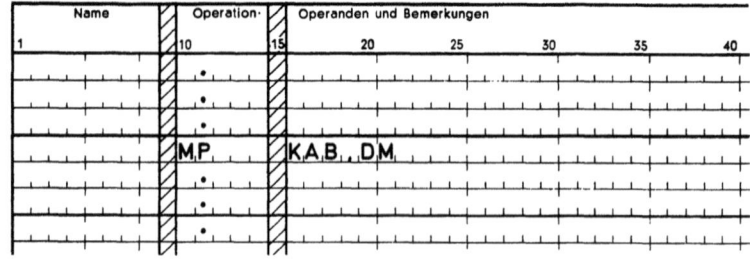

entsteht im Empfangsfeld (Adresse KAB) das Produkt.

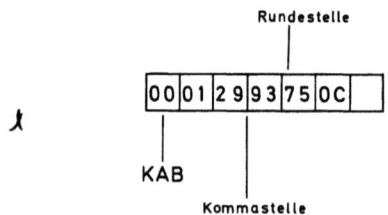

Zur Weiterverarbeitung benötigt man das gerundete, von „überzähligen" Rechenstellen bereinigte Produkt.

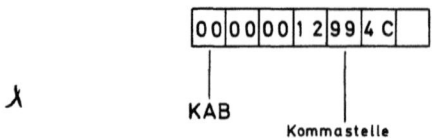

Dieser Feldinhalt kommt zustande, wenn auf die Rundestelle eine 5 addiert und danach der Feldinhalt um 3 Stellen (Halbbytes) nach rechts verschoben wird. Das Vorzeichen bleibt unverändert und rechtsbündig im Empfangsfeld erhalten. Die durch die Verschiebung nachgezogenen Nullen lassen sich bei der weiteren Verarbeitung des Endergebnisses durch Adreßarithmetik eliminieren. Diese beiden Funktionen, nämlich Rechtsverschieben und Runden von Dezimalzahlen, führt der SRP-Befehl aus.

Befehlsformat:

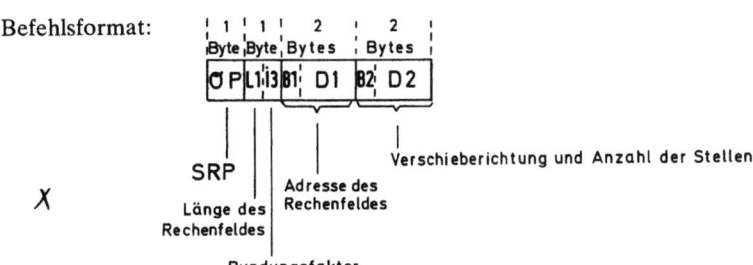

Im Gegensatz zum bisher bekannten SS-Format steht jetzt an der Stelle der Längenangabe L2 als Direktoperand I3 der Rundungsfaktor (Rundungswert). Verschiebezahl und Verschieberichtung sind durch die Summe B2/D2 bestimmt. Dies soll das folgende Bitmuster näher erläutern.

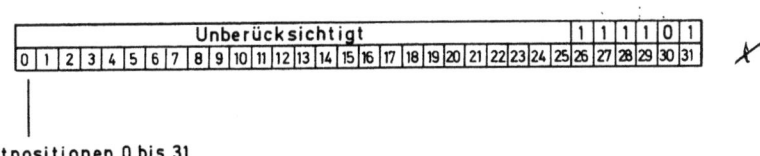

Bitpositionen 0 bis 31

Ist Bit 26 gleich 1, so stellen die Bits 27 bis 31 das Zweierkomplement einer binär verschlüsselten Zahl dar, deren Wert die Anzahl der nach rechts zu verschiebenden Stellen bestimmt. In obigem Bitmuster ist Bit 26 gleich 1, d.h. es soll nach rechts verschoben werden, und das Zweierkomplement der Verschiebezahl ist 11101. Durch Komplementieren (Rückkomplementieren) entsteht 00011, was der Dezimalzahl 3 entspricht. Es soll also der Feldinhalt um 3 Stellen nach rechts verschoben und auf die zuletzt hinausgeschobene Stelle (Rundungsstelle) der Rundungsfaktor (im kaufmännischen Betrieb eine 5) addiert und ein Übertrag berücksichtigt werden.

Der SRP-Befehl für das obige Beispiel lautet demnach:

Name	Operation	Operanden und Bemerkungen
	SRP	K,A,B, 6 1,(0), 5

B2 ist das Register (Mehrzweckregister, MZR) 0. In Befehlen zur Adressierung herangezogen, wird es so berücksichtigt, als ob der Inhalt binär 0 wäre, oder es wird ignoriert (vgl. BALR 3,0). Die Verschiebung ergibt sich allein aus der Distanzangabe. Die Auflösung des Distanzwertes 61 in ein Binärmuster ist 111101. Das bedeutet eine Rechtsverschiebung um 3 Stellen. Die Zahl 5 im Befehl SRP ist der Rundungsfaktor.

Man erkennt leicht, daß sich bei Rechtsverschiebungen der Distanzwert ergibt, wenn man von der Zahl 64 die Anzahl der zu verschiebenden Stellen abzieht, in unserem Beispiel 64 − 3 = 61. Eine andere Möglichkeit wäre, ein Register mit dem entsprechenden Zweierkomplement zu laden und dafür die Distanz zu 0 zu machen. Der SRP-Befehl kann dann so formuliert werden:

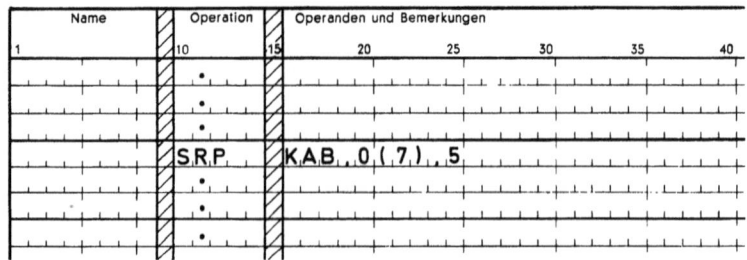

Der Wert im Register 7 (Verschieberichtung und Stellenzahl) kann ein Rechenergebnis sein oder auf folgende Weise geladen werden:

Name	Operation	Operanden und Bemerkungen	
	LA	7,3	(1)
	LCR	7,7	(2)
	SRP	KAB,0(7),5	(3)

(1) Zahl 3 in MZR 7 laden.
(2) Zweierkomplement im MZR 7 bilden (LCR-Befehl vgl. 12.2.3.4).
(3) Rechtsverschieben um 3 Stellen, runden mit 5.

An dieser Stelle ist der Hinweis angebracht, daß immer vorzeichengerecht zu runden ist, d. h. auf einen positiven Feldinhalt muß der Wert +5, auf einen negativen Feldinhalt der Wert −5 aufaddiert werden. Der

SRP-Befehl berücksichtigt dies bei der Befehlsausführung. Wendet man andere Rundungsverfahren an, so ist das Vorzeichen gegebenenfalls vorher abzufragen (vgl. ZAP-Befehl in 1.3). Zusammengefaßt ergibt sich für das vorgestellte Rundungsproblem folgende Befehlsfolge:

Name	Operation	Operanden und Bemerkungen
	MP	KAB,DM
	SRP	KAB,61(0),5
	AP	SUM,KAB+3(3)
	MVC	•,•,•
DM		
	DS	CL3
KAB	DS	CL6
SUM	DC	PL6,'0'

1.2. Erweitern von Dezimalzahlen

Das Linksverschieben einer gepackten Dezimalzahl mittels SRP-Befehl kommt einer Erweiterung mit dem Faktor 10 (1 Stelle), 100 (2 Stellen) usw. gleich. Ist Bit 26 gleich 0, so stellen die Bits 27 bis 31 der Adresse B2/D2 eine binär verschlüsselte Zahl dar, deren Wert (ohne Komplementierung) die Anzahl der nach links zu verschiebenden Stellen bestimmt.

Beispiel:

Name	Operation	Operanden und Bemerkungen
	SRP	REFE,2(0),0
REFE	DC	PL5,'123.7777'

Das Ergebnis im Feld mit der Adresse REFE nach Ausführung des SRP-Befehls lautet:

λ |1|2|37|77|70|0C|

Werden von 0 verschiedene Ziffern nach links aus dem Feld REFE hinausgeschoben, so wird auf den Fehler „Dezimalüberlauf" (vgl. 10.1.4) erkannt. Der aus formalen Gründen angegebene Rundungsfaktor bleibt unberücksichtigt.

1.3. Vorzeichenprüfung von Dezimalzahlen

Das Prüfen einer gepackten Dezimalzahl auf „kleiner als Null" (negativ), „größer als Null" (positiv) oder „gleich Null" kann sehr einfach mit dem Befehl ZAP durchgeführt werden (Befehlstyp SS). Dieser Befehl läuft wie der AP-Befehl ab; im Gegensatz zu diesem muß aber das Empfangsfeld (1. Operand) vor der Operation nicht gepackt vorliegen. Das Empfangsfeld wird automatisch auf dezimal 0 gesetzt, so daß der ZAP-Befehl einer Addition auf 0 entspricht (ZAP, Z von Zero).

Beispiel:

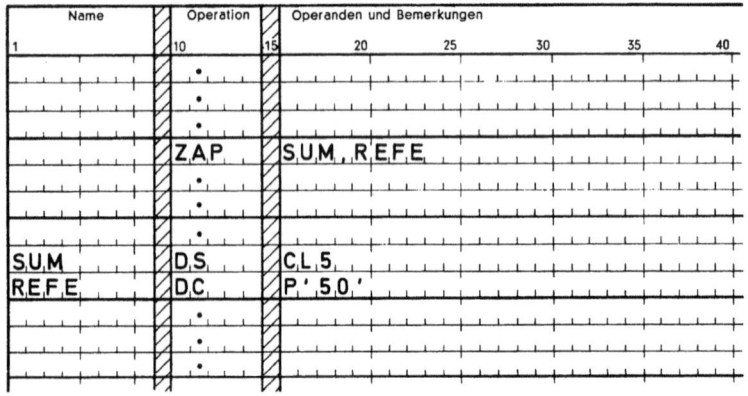

Man kann diesen Befehl auch als Übertragungsbefehl für gepackte Dezimalzahlen ansehen. Den Unterschied zum Übertragungsbefehl MVC zeigt die folgende Gegenüberstellung:

```
Name      | Operation | Operanden und Bemerkungen
1         | 10        | 15    20    25    30    35    40
          |           |
          | MVC       | EMPF(2),,SEND
          |           |
EMPF      | DC        | C'ABC'
SEND      | DC        | X'123C'
```

Da die Operationsrichtung beim MVC-Befehl von links nach rechts läuft, ergibt sich als Inhalt des Empfangsfeldes nach Befehlsausführung:

| 1 | 2 | 3 | C | C 3 |

Dagegen addiert der ZAP-Befehl rechtsbündig auf das Empfangsfeld und erzeugt gegebenenfalls führende Nullen.

Beispiel:

```
Name      | Operation | Operanden und Bemerkungen
1         | 10        | 15    20    25    30    35    40
          |           |
          | ZAP       | EMPF,,SEND
          |           |
EMPF      | DC        | C'ABC'
SEND      | DC        | P'123'
```

Inhalt nach Ausführung des ZAP-Befehls:

| 0 | 0 | 1 | 2 | 3 C |

7

Die Anzeigen, die der ZAP-Befehl setzt, werden im folgenden Beispiel für Programmverzweigungen benutzt:

Anzeige: 0 Das Ergebnis ist gleich 0,
         1 Das Ergebnis ist kleiner als 0,
         2 Das Ergebnis ist größer als 0,
         3 Es ist Überlauf eingetreten.

Name	Operation	Operanden und Bemerkungen
	ZAP	FELD,FELD
	BC	4,MINUS
	BC	8,NULL
PLUS	MVC	...
MINUS	LA	...
NULL	L	...

Der Befehl ZAP mit den beiden gleichen Operandenadressen verändert den Feldinhalt nicht; es kann aber die Anzeige abgefragt werden.

1.4. Runden nach dem Dividieren

1.4.1. Die Rundebedingung

Nach einer Division entstehen Quotient und Rest. Vier Fälle sind zu unterscheiden, wie folgendes Beispiel zeigt:

Dividend	Divisor	Quotient	Rest	Quotient gerundet
+119	+20	+5	+19	+6
-119	+20	-5	-19	-6
-119	-20	+5	-19	+6
+119	-20	-5	+19	-6

Daraus folgt die Rundebedingung:

$$|\text{Divisor}| \leq |\text{Rest} * 2|$$ ✗

Wenn der Betrag[1] des Divisors kleiner oder gleich dem Betrag des doppelten Restes ist, muß der Quotient gerundet werden. Runden bedeutet das Addieren einer positiven oder negativen 1 auf den Quotienten.

1.4.2. Runden in der Dezimalarithmetik

Der Inhalt eines Summenfeldes (z.B. die Summe von Rechnungsbeträgen) soll durch die Anzahl der Rechnungen (Divisor) dividiert werden. Der Quotient ist anschließend zu runden.

Name	Operation	Operanden und Bemerkungen	
SUMME	DC	PL 6,' 6,5,4,..3,2,1..1,7,'	
AN,Z,R,E	DC	PL 2,' 1,2,3,'	(1,)
DE,N,D	DS	L,8	(2,)
H,I,F,E	DS	L,3	(3,)
	ZAP	DE,N,D, SUMME	(4,)
	DP	DE,N,D, AN,Z,R,E	
	ZAP	H,I,F,E, DE,N,D + 6,(2,)	(5,)
	AP	H,I,F,E, H,I,F,E,	(6,)
	CP	H,I,F,E, AN,Z,R,E	(1,0,)(7,)
	BL	AU,F,B,E,R	(8,)
	AP	DE,N,D (6,),, = P,'1 '	(9,)
AU,F,B,E,R	MVC	.,.,.	

✗

---

1 Der Betrag einer Zahl ist ihr Zahlenwert ohne Berücksichtigung des Vorzeichens, in der Mathematik dargestellt durch zwei senkrechte Striche.

(1) Angenommene Rechnungszahl. In der voranstehenden Definition des Summenfeldes (Adresse SUMME) wurden zur Gliederung des Zahlenwertes Punkte geschrieben. Dies ist bei P-Konstanten zur Vermeidung von Schreibfehlern erlaubt. Die Punkte werden aber nicht übernommen.

(2) Die Länge des Dividendenfeldes ergibt sich aus der Länge des Summenfeldes und des Feldes für die Rechnungsanzahl: L8 (CL8).

(3) Das Feld HIFE nimmt den Wert des doppelten Restes auf.

(4) Rechnungssumme in das Dividendenfeld übertragen.

(5) Den Rest im Hilfsfeld (HIFE) speichern.

(6) Den Rest verdoppeln.

(7) Rundebedingung abfragen. Vgl. (10).

(8) Nicht runden.

(9) Den Quotienten um 1 erhöhen.

(10) CP: Vergleichsbefehl für vorzeichenbehaftete (arithmetische) Vergleiche, also für gepackte Zahlen. Operationsrichtung von rechts nach links; SS-Struktur (vgl. Abschnitt 12.1.3.).

Treten beim Dividieren negative Dividenden und/oder Divisoren auf, so sind vor dem Abfragen der Rundebedingung (Vergleich) die Beträge von Rest und Divisor zu erzeugen. Die Codierung wird also recht aufwendig. Wie man solche Aufgaben einfacher lösen kann, zeigt das folgende Beispiel: Die Rechenaufgabe $-478:13$ hat das Ergebnis Quotient -36, Rest -10. Da die Rundebedingung erfüllt ist ($13 \leq 20$), muß der Quotient auf -37 erhöht werden (Addition von -1). Um dieses Ergebnis zu erreichen, erweitern wir den Dividenden zunächst auf -4780. Die Division durch 13 ergibt den Quotienten -367. Da wir den Dividenden zu Beginn der Rechnung mit dem Faktor 10 multipliziert haben, hat der Quotient eine „gedachte" Kommastelle: $-36,7$. Der Rest (-9) wird in der weiteren Rechnung nicht benötigt. Durch die Erweiterung des Dividenden haben wir eine Rundestelle erzeugt, so daß sich jetzt der Quotient wie nach einer Multiplikation runden läßt:

$$\begin{array}{r} -367 \\ +(-5) \\ \hline -372 \end{array}$$

Wenn man die zusätzlich erzeugte Rechenstelle (die Ziffer 2 in -372) aus dem Quotientenfeld durch Rechtsverschiebung eliminiert, dann bleibt für das Weiterrechnen der gerundete Wert -37 übrig. Wendet man für das Erweitern des Quotienten, das vorzeichengerechte Runden und die korrigierende Rechtsverschiebung den SRP-Befehl an, dann läßt sich die Rechenaufgabe sehr einfach codieren:

Name	Operation	Operanden und Bemerkungen
		20 25 30 35 40
D,E,N,D	D,C,	P,L,5,'-,4,7,8,'
D,Ø,R,	D,C,	P,L,2,',1,3,'
	S,R,P,	D,E,N,D,,1,(,0,),,0 (,1,)
	D,P,	D,E,N,D,,,D,Ø,R,
	S,R,P,	D,E,N,D,(,3,),,,6,3,(,0,),,5 (,2,)
✗		

(1) Den Dividenden um 1 Stelle nach links verschieben (entspricht einer Multiplikation mit 10).

(2) Den Quotienten runden und um 1 Stelle nach rechts verschieben (die Erweiterung der Position 1 wird rückgängig gemacht).

1.4.3. Runden in der Dualarithmetik

In der Dualarithmetik sind die Operanden Registerinhalte. Die Rundebedingung gilt in gleicher Weise. In folgendem Codierbeispiel wird von positiven Dividenden und Divisoren ausgegangen:

Name	Operation	Operanden und Bemerkungen
		20 25 30 35 40
	D,R,	4,,6,
	A,R,	4,,4, (,1,)
	C,R,	6,,4, (,2,)
	B,H,	N,R, (,3,)
	A,	5,,=,F,',1,' (,4,)
N,R,	L,A,	

(1) Rest verdoppeln.
(2) Rundebedingung abfragen.
(3) Nicht runden.
(4) Quotient um 1 erhöhen.

Im allgemeinen Fall müssen vor dem Vergleich, der die Rundebedingung testet, die Beträge von Rest und Divisor gebildet werden. Für die Betragsbildung eignet sich der LPR-Befehl (vgl. 12.2.3.2, Befehlstyp RR, Load Positive Register), für die Vorzeichenermittlung eines Registerinhaltes der Befehl LTR (vgl. 12.2.3.1, Befehlstyp RR, Load and Test Register). Beide Befehle laufen grundsätzlich wie der bereits bekannte LR-Befehl ab, der den Inhalt eines Registers in ein anderes Register umlädt. Der LTR-Befehl setzt jedoch zusätzlich eine Anzeige über das Ladeergebnis:

Anzeige: 0 Der nach R1 geladene Operand (R2-Inhalt) ist binär 0,
1 Der nach R1 geladene Operand ist negativ,
2 Der nach R1 geladene Operand ist positiv.

In der Form LTR |4,4 ändert sich der Inhalt des Registers nicht; es kann jedoch abgefragt werden, ob der Inhalt positiv, negativ oder 0 ist.

Der Befehl LPR |5,7 veranlaßt, daß der zweite Operand (Inhalt des Registers 7), falls er negativ ist, als Zweierkomplement (also positiv) in das Register 5 geladen wird. Ist der Inhalt von Register 7 bereits positiv, so wird er unverändert in das Register 5 übernommen (vgl. auch 12.2.3.3, Befehl LNR). Mit den neu vorgestellten Befehlen können wir das Rundeproblem so codieren:

Name	Operation	Operanden und Bemerkungen	
	•		
	•		
	DR	4,6	
	LPR	6,6	(1)
	LPR	4,4	(2)
	AR	4,4	(3)
	CR	6,4	(4)
	BNH	RUND	(5)
	•		
	•		
RUND	LTR	5,5	
	BH	PLUS	
	A	5,=F'-1'	(6)
	•		
	•		
PLUS	A	5,=F'+1'	(7)
	•		

(1) Betrag des Divisors bilden.
(2) Betrag des Restes erzeugen.
(3) Rest verdoppeln.
(4) Rundebedingung prüfen.
(5) Verzweigen zum Runden; der Divisor war nicht größer als der doppelte Rest.
(6) Einen negativen Quotienten runden: $+\;(-1)$.
(7) Einen positiven Quotienten runden: $+\;(+1)$.

2. Druckaufbereitung

2.1. Gestaltung des Druckbildes

Das Aufbereiten von Rechenergebnissen in eine druckgerechte Form wird mit dem Befehl ED durchgeführt. Bei der Gestaltung des Druckbildes kann aber die Forderung so aussehen, daß beispielsweise das Währungssymbol $ (Dollar) unmittelbar vor der ersten Ziffer einer Zahl stehen soll: $123.45 oder $0.36. Die Adresse des Währungssymbols (im Ausgabebereich) hängt also von der Stellenzahl der Dezimalzahl ab. Die Adresse könnte man ermitteln, indem man Byte für Byte für das Füllzeichen prüft und bei Ungleichheit die Adresse der ersten Dezimalziffer findet.

2.2. Aufbereitung von Feldinhalten mit dem Befehl EDMK

Einfacher wird dieser Fall mit dem Befehl EDMK (MK = Markieren) gelöst. Er läuft in der gleichen Weise ab wie der ED-Befehl. Zusätzlich wird die Maskenadresse des ersten Bytes, dessen Ziffer ungleich 0 aus dem Sendefeld gelesen wurde, in die 24 niederwertigen Bits des Registers 1 eingetragen; die 8 höherwertigen Bits bleiben unverändert. Diese Adresse entspricht der um 1 erhöhten Adresse, an die das Währungssymbol übertragen werden muß. Durch Subtraktion einer 1 ergibt sich die richtige Adresse.

Beispiel: Es sei der Inhalt des Feldes ab der Adresse SEND aufzubereiten. die zugehörige Maske und die Stellung des Markierschalters bei der Ausführung des Befehls EDMK sowie der Inhalt des Ausgabebereichs nach der Operation zeigt das folgende Bild:

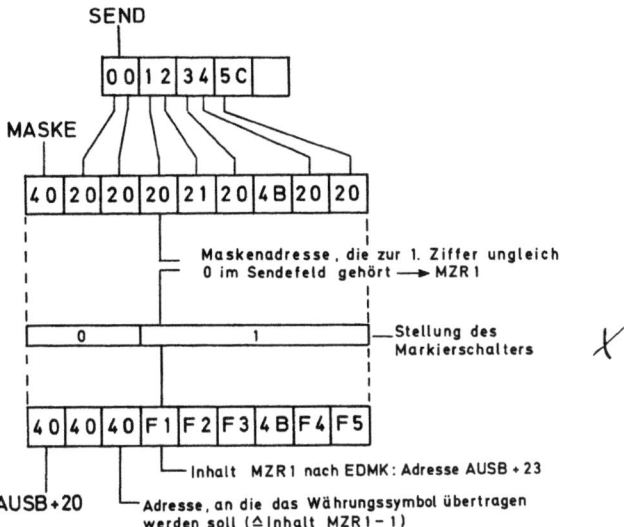

In der Assemblersprache kann die Aufgabe so codiert werden:

Name	Operation	Operanden und Bemerkungen
	MVC	AUSB+20(9),MASKE
	EDMK	AUSB+20(9),SEND
	SH	1,=H'1'
	MVI	0(1),X'5B'
	PUT	...
	.	
MASKE	DC	X'40202020212004B2020'
SEND	DS	L4
AUSB	DS	L132

Bei der Anwendung des EDMK-Befehls ist ein Sonderfall zu beachten. Wenn nämlich der Markierschalter nicht durch eine Ziffer, sondern durch das Startzeichen $21_{(16)}$ in 1-Stellung gebracht wurde, unterbleibt das Speichern der Adresse im MZR 1. Das ist immer dann der Fall, wenn

15

Zahlen auszugeben sind, die Beträge unter 1 darstellen, z.B. DM 0,79 oder $0.36. Andererseits ist diese Adresse aber bekannt, gerade weil es sich um einen Sonderfall handelt. In obigem Beispiel heißt diese Adresse AUSB+24; man kann sie, den Sonderfall vorausnehmend, in das Register 1 laden. Tritt der Fall nicht ein, überschreibt der EDMK-Befehl den Inhalt des Registers mit der aktuellen Adresse.

Name	Operation	Operanden und Bemerkungen
	LA	1,AUSB+25 (1)
	MVC	AUSB+20(L,'MASKE),MASKE
	EDMK	AUSB+20(L,'MASKE),SEND
	S	1,=F'1'
	MVI	0(1),'$'
	PUT	•..
MASKE	DC	X'40202020212004B2020'
SEND	DS	L4
AUSB	DS	L132

(1) Das ist die um 1 erhöhte Adresse, wohin das Währungssymbol übertragen werden soll. Durch die nachfolgende Subtraktion ergibt sich die richtige Adresse.

3. Ein- und Ausgabe von Daten

3.1. Komponenten des Betriebssystems

Die Ein- oder Ausgabe von Daten (Hauptspeicher) kann in einfacher Weise mit den Makroaufrufen RDATA bzw. WROUT und WRLST (vgl. Teile II + III) durchgeführt werden. Diese Makroaufrufe wenden sich an das Executive (Ablaufteilsoftware) des Betriebssystems. Mit Hilfe von Makroaufrufen, die sich an das Datenverwaltungssystem (DVS) wenden, können Dateien unterschiedlichster Form (Organisation, Zugriffsmethode) in einem Programm komfortabel verarbeitet werden.

Das DVS gestattet dem Programmierer vor allem, seine Programme ohne Rücksichtnahme auf die unterschiedlichen physikalischen Anforderungen bei der Ein- und Ausgabe von Daten durch Hardware-Komponenten und Geräte zu schreiben. Es verwendet dann die sogenannte logische Stufe der Ein-/Ausgabesoftware, d. h. es verarbeitet seine Daten ausschließlich nach logischen Gesichtspunkten. Dazu gehört das Entblocken (Zerlegen in Sätze) und Blocken (Zusammenstellen von Sätzen). Die entsprechenden Makroaufrufe und Routinen erleichtern dem Programmierer das Bereitstellen des jeweils nächsten Datensatzes, das Eröffnen bzw. Schließen von Dateien, das Anstoßen von Steueroperationen für periphere Geräte sowie das Überprüfen von Datensicherungsmaßnahmen.

3.2. Beschreibende Makros des DVS

Für die Definition der Merkmale einer Datei lautet der Makroaufruf FCB (File Control Block). Die notwendigen Operanden (Parameter) für die im Kapitel Codier-Praktikum gezeigten Beispiele sind hier zusammengestellt.

Parameter-Liste des FCB-Makros

Name	Operation	Operanden
ADRFCB	FCB	FCBTYPE = SAM, (1) DEVICE = $\left\{ \begin{array}{l} \text{READER} \\ \text{PRINTER} \end{array} \right\}$, (2) DEVADDR = $\left\{ \begin{array}{l} \text{RDR} \\ \text{LST} \end{array} \right\}$, (3) BLKSIZE = n, (4) RECSIZE = n, (5) RECFORM = $\left\{ \begin{array}{l} \text{F} \\ \text{V} \end{array} \right\}$, (6) IOAREA1 = Name, (7) EXIT = $\left\{ \begin{array}{l} \text{Adresse} \\ \text{(Adresse)} \end{array} \right\}$ (8)

(1) Es handelt sich um eine Datei für seriellen Zugriff; SAM = Serial Access Methode. Andere Zugriffsmethoden sind: Direkt, Indiziert-Sequentiell.
(2) Symbolische Adresse eines bestimmten Ein- bzw. Ausgabegerätes aus einer Gruppe (gleichartiger) Geräte, z. B. zur Unterscheidung von 2 typengleichen Schnelldruckern. Geschweifte Klammern {} bieten die Auswahl unter den Operanden an.
(3) Art des (physikalischen) Gerätes.
(4) Anzahl der als physikalische Einheit zu übertragenden Datenbytes.
(5) Für den (Normal-)Fall, daß ein Datenblock mehrere logische Sätze enthält, ist dieser Parameter erforderlich. Er gibt die Satzlänge in Bytes an, bei variabel langen Sätzen die maximale (vgl. Kapitel 3.3.1.).
(6) Aussage über die Satzlänge: fest (F) oder variabel (V).
(7) Hier wird explizit angegeben, bei welcher Adresse die Datensätze bei der Verarbeitung zur Verfügung stehen (nach dem Lesen bzw. beim Schreiben zum Satzaufbau).
(8) Gibt die Adresse eines Makros (EXLST) an, wo weitere Angaben für unterschiedliche Fehler- bzw. Sonderbehandlungen stehen, z. B. bei welcher Programmadresse im Falle eines Datenfehlers weitergemacht werden soll oder bei „End of File". In der Form EXIT=(Adresse) verzweigt das Programm ohne jede Unterscheidung unmittelbar zur genannten Adresse. Fehlt jeglicher Eintrag, so führt ein Fehler zum Programmstillstand. Der EXLST-Makro wird im Codier-Praktikum nicht benutzt und deshalb auch nicht weiter erläutert.

3.3. Verarbeitungs-Makroaufrufe

Der Datenblock ist eine physikalische Größe; er ist im allgemeinen durch einen Standardwert des Betriebssystems festgelegt (z.B. 2 KBytes), kann jedoch bei besonderen Gesichtspunkten in der Programmvorgabe in n Bytes definiert werden. Der Satz ist eine logische (für die Verarbeitung sinnvolle) Größe. Ein Programm verarbeitet demnach – logischerweise – Satz für Satz.
Besteht ein Block aus Übertragungs- bzw. Zeitgründen aus mehreren Sätzen, übernehmen Makros das Entblocken (satzweises Bereitstellen) bzw. das Blocken (Sätze aneinanderreihen). In den Beispielen des Codier-Praktikums enthält ein Block immer nur einen Satz: Satz = Block.
Für das Lesen bzw. Bereitstellen des jeweils nächsten Satzes in der IOAREA1 (Adresse) heißt der Makroaufruf GET.

Name	Operation	Operanden und Bemerkungen				
1	10	15 20	25	30	35	40
ADRGET	GET	fcb-name				

Über den Bezug fcb-name (Adresse, wo sich der FCB-Makro befindet) können alle Dateimerkmale berücksichtigt werden.

Name	Operation	Operanden und Bemerkungen				
1	10	15 20	25	30	35	40
ADRPUT	PUT	fcb-name				

ist die Codierzeile für das Schreiben des aktuell im Programm aufgebauten Satzes (Anhängen an das bisherige Dateiende, ggf. unter Berücksichtigung einer Blockung).

Blocken bzw. Entblocken

Beispiel: Daten auf Magnetband (1 Block = 4 Sätze)

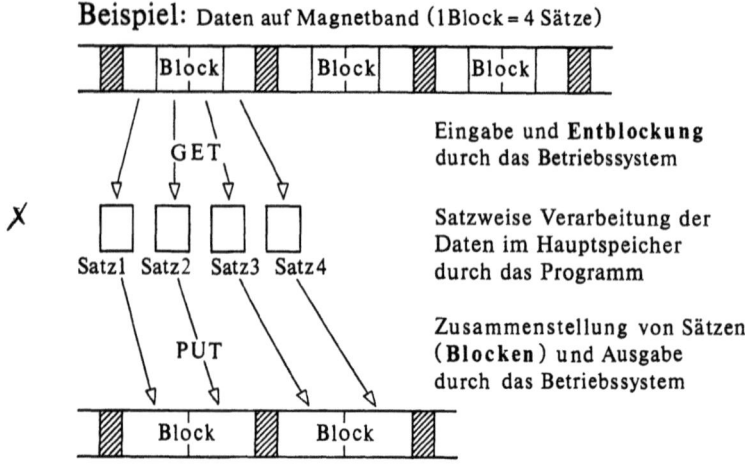

Ergebnis: Daten auf Plattenspeicher (2 Sätze = 1 Block)

Ein- und Ausgabebereich können identisch sein (dieselbe Adresse); vgl. dazu die Möglichkeiten bei den Makroaufrufen **RDATA** und **WRLST/ WROUT**.

3.4. Service-Makroaufrufe

Der nachfolgende Aufruf erlaubt den Datenzugriff; er eröffnet bzw. prüft die im zugehörigen FCB-Makro genannten Parameter. Datenträger in Geräten werden positioniert, Kennsätze verglichen u. a.

Name	Operation	Operanden und Bemerkungen
	10 15	20 25 30 35 40
ADROPEN	OPEN	fcb-name

Das Schließen der Datei übernimmt der CLOSE-Makro. Er koppelt die Datei vom Programm wieder ab, gibt sie für andere Anforderungen frei. Mit dem Parameter ALL werden alle eröffneten Dateien wieder geschlossen.

Name	Operation	Operanden und Bemerkungen
ADRCLOS	CLOSE	fcb-name
	CLOSE	ALL

3.5. Definitionsbeispiel für Ein-/Ausgabemakros

Name	Operation	Operanden und Bemerkungen
* BEISPIEL PROGRAMMGERUEST EIN-/AUSGABEMAKROS		
IOBEISP	START	
BEGINN	BALR	R5,R0
	USING	*,R5
	OPEN	EINFCB
	OPEN	AUSFCB
VERARB	EQU	*
	GET	EINFCB
	PUT	AUSFCB
ADR1	EQU	*
	B	SCHLUSS
ADR2	EQU	*
	B	SCHLUSS
SCHLUSS	CLOSE	ALL
	TERM	
EINFCB	FCB	FCBTYPE=SAM,BLKSIZE=84,
		RECSIZE=84,RECFORM=V,
		DEVICE=READER,DEVADDR=RDR,
		EXIT=(ADR1),IOAREA1=EINBER
AUSFCB	FCB	FCBTYPE=SAM,BLKSIZE=80,
		RECFORM=F,DEVICE=PRINTER,
		DEVADDR=LST,EXIT=(ADR2),
		IOAREA1=AUSBER
* DEFINITIONEN		
EINBER	DS	OCL84
SLGFLD	DS	CL4
EINBER	DS	CL80
AUSBER	DS	CL80
	END	BEGINN

Anmerkung: Die Tabellierung der FCB-Parameter erfordert in der Spalte 72 des Assemblerformulars ein Fortsetzungszeichen.

3.6. Steuern der Datenausgabe

In den vorangehenden Teilen des Lernprogramms wird gezeigt, wie für Druckerdateien Papiervorschübe (Zeilen- oder Formularvorschub) ausgelöst werden können: der Satz enthält ein Vorschubsteuerzeichen (Steuerbyte, Controlcharacter). Der Inhalt des Zeichens wird bitweise interpretiert und führt zu den gewünschten Papierbewegungen. Formularvorschub bedeutet zum Beispiel Vorschub bis zur definierten ersten Zeile des Formulars (Formularanfang) oder jeder anderen Zeile auf dem Formular. Mechanische oder elektronische Einrichtungen in den Hochleistungsdruckern interpretieren die Steuerinformation der Programme. Sehr anschaulich wird dieser Vorgang am Beispiel der mechanischen Schnelldrucker mit Vorschublochstreifen. Das Formular wird so lange vorgeschoben, bis bei

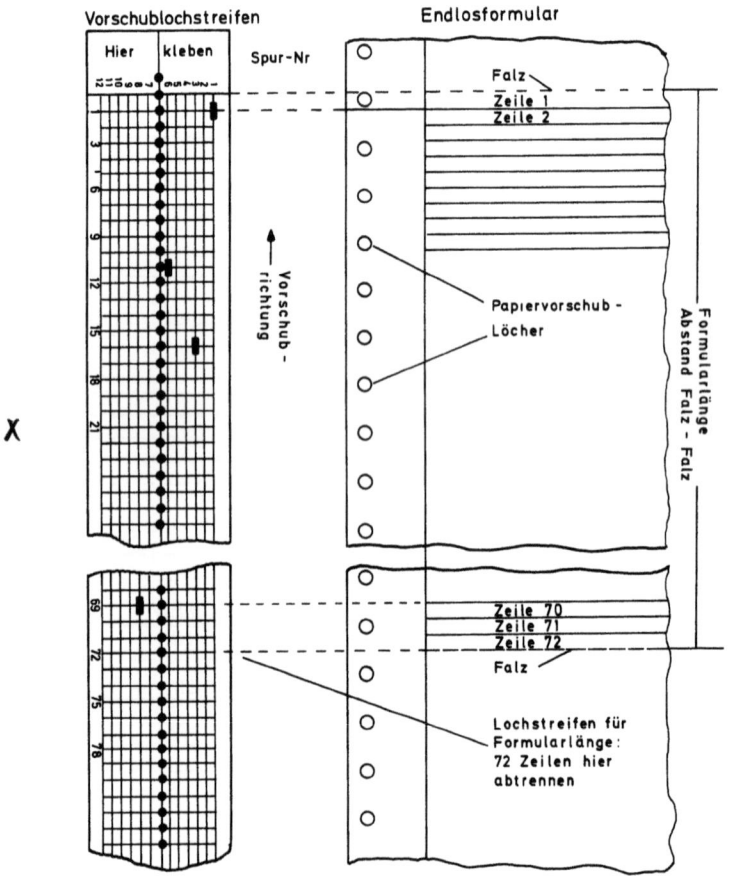

der angegebenen Spurnummer ein Loch durch fotoelektrische Abtastung erkannt wird. Es erfolgt z.B. mit dem Inhalt X'88' des Steuerbytes ein Formularvorschub bis zur Zeile 69. Lochbandvorschübe mit den Spuren 9 und 12 sind Sonderfällen vorbehalten. Ein Loch in der Spur 1 dient zur Einstellung eines definierten Formularanfangs (im Bild die Zeile 1). Zum Steuern eines Großspeichers, eines Magnetbandgerätes (z.B. Vorsetzen um einen Datenblock) oder eines Schnelldruckers kann allgemein der Makroaufruf CNTRL (Control) verwendet werden. Bei vielen Schnelldruckern erfolgt ohne Vorgaben standardgemäß ein einzeiliger Papiervorschub nach dem Drucken. Die Unterscheidung, ob es sich um einen Zeilentransport oder Formularvorschub handelt, erfolgt durch die Parameter SP (Zeilentransport) oder SK (Formularvorschub z.B. mit Hilfe eines Vorschublochstreifens, vgl. Abschnitt 3.6.). Der Abschnitt Codier-Praktikum zeigt die Verwendung des CNTRL-Makros zur Papiersteuerung. Der CNTRL-Makro ist ein Stellungsmakro, das heißt die Plazierung der Parameterangaben für SP bzw. SK unterscheidet die Fälle Vorschub vor bzw. nach dem Drucken.

Name	Operation	Operanden und Bemerkungen				
1	10	15 20	25	30	35	40
STEUADR	CNTRL	fcb-name,SP,3				(1)
	CNTRL	fcb-name,SP,,2				(2)
	CNTRL	fcb-name,SK,1				(3)
	CNTRL	fcb-name,SK,,5				(4)

(1) fcb-name: Adresse des FCB-Makros der Ausgabedatei. Zeilenvorschub um 3 Zeilen vor dem Drucken ist definiert.
(2) Hier handelt es sich um einen zweizeiligen Vorschub nach dem Drucken (eingeschlossen ist ggf. der standardmäßige einzeilige Vorschub).
(3) Formularvorschub „bis zum nächsten Loch im Kanal (Spur) 1". SK 1 wird im allgemeinen für Formularanfang benutzt.
(4) Formularvorschub bis zum nächsten mechanisch oder elektronisch definierten Haltepunkt in der Spur 5 und zwar für nach dem Drucken.

Die allgemeine Form des CNTRL-Makroaufrufes ist im Abschnitt 12.5.6. für Druckerdateien beschrieben.

4. Unterprogrammtechnik

4.1. Rationalisierung der Programmierarbeit

Eine Befehlsfolge, die in einem Programm ein einziges Mal vorhanden ist, jedoch mehrfach durchlaufen und von unterschiedlichen Programmpunkten angesprungen wird, nennt man Unterprogrammroutine oder Subroutine. Routinen dieser Art sind ein Hilfsmittel zur Rationalisierung der Programmierarbeit. Dies wurde bereits am Beispiel einer mehrfach zu durchlaufenden Löschroutine für einen Ausgabebereich gezeigt. Dabei handelt es sich um eine einstufige Verzweigung, d.h. es wird vom Hauptprogramm zur Subroutine und von dort wieder zurück ins Hauptprogramm verzweigt. Bei mehrstufigen Verzweigungen, also Verzweigungen über mehrere Subroutinenstufen, müssen entsprechend viele Rücksprungadressen sichergestellt werden. Damit dem Programmierer alle MZR verfügbar bleiben, empfiehlt es sich, die Rücksprungadressen gegebenenfalls im Hauptspeicher sicherzustellen und vor dem Rücksprung in ein vorgeordnetes Programm wieder zu laden.

4.2. Codierbeispiele für ein- und mehrstufige Verzweigungen

Beispiel: Einstufige Verzweigung, Anwendung unbedingter Sprungbefehle:

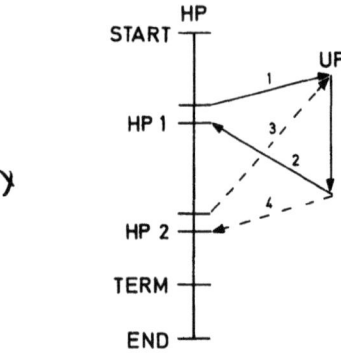

Name	Operation	Operanden und Bemerkungen
HP	START	216
	.	
	.	
ANF	BALR	3,0
	USING	*,3
	.	
	.	
	LA	10,,HP1
	B	UP
HP1	MVC	. . . .
	.	
	.	
	.	
	LA	10,,HP2
	LA	11,,UP
	BR	11
HP2	MVC	. . . .
	.	
	.	
	TERM	(1)

Name	Operation	Operanden und Bemerkungen
UP	ST	10,,SAVE (2)
	.	
	.	
	L	10,,SAVE (4)
	BR	10
SAVE	DS	F (3)
	.	
	.	
	END	ANF

(1) Der Makroaufruf TERM ist kompatibel zum Aufruf EOJ.
(2) Es wird zunächst die Adresse HP1, dann HP2 sichergestellt.
(3) Hauptspeicherwort zum Sicherstellen der Rücksprungadressen.
(4) Laden der Rücksprungadressen.

Beispiel: Einstufige Verzweigung, Anwendung von Befehlen für Unterprogrammsprünge:

Name	Operation	Operanden und Bemerkungen
HP	START	2,16
	.	
	.	
ANF	BALR	3,0
	USING	*,3
	.	
	.	
HP1	BAL	10,UP
	MVC	.,.
	.	
	.	
	LA	11,UP
	BALR	10,11
HP2	MVC	.,.
	.	
	.	
	TERM	

Name	Operation	Operanden und Bemerkungen
UP	ST	10,SAVE
	.	
	.	
	L	10,SAVE
	BR	10
SAVE	DS	F
	.	
	.	
	END	ANF

Beispiel: Mehrstufige Verzweigung, Sicherstellung der Rücksprungadressen jeweils im selben Register (MZR 7):

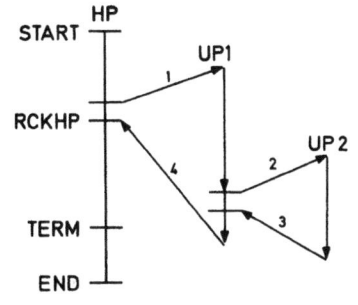

Name	Operation	Operanden und Bemerkungen
HP	START	
	.	
	.	
	.	
	BAL	7,,UP1
RCKHP	LA	....
	.	
	.	
	.	
	EOJ	

Name	Operation	Operanden und Bemerkungen
UP1	ST	7,,SAVE
	MVC	....
	.	
	.	
	.	
	BAL	7,,UP2
RCKUP1	.	
	.	
	.	
	L	7,,SAVE
	BR	7
	.	
	.	
SAVE	DS	F ADR RCKHP
	.	
	.	
UP2	MVC	....
	.	
	.	
	.	
	BR	7
	END	

5. Verschiebebefehle

5.1. Funktionen

Mit Verschiebebefehlen können Bitfolgen in einem Register oder Registerpaar (Doppelregister) um eine Anzahl Stellen nach links oder rechts verschoben werden. Beim arithmetischen Verschieben wird das für die Bitfolge gültige Vorzeichen beibehalten, die Vorzeichenstelle (Bitposition 0) wird nicht mitverschoben. Beim logischen Verschieben wird kein Vorzeichenbit interpretiert. Das arithmetische Verschieben (Shift) von Registerinhalten, die Festpunktzahlen darstellen, ersetzt manchmal die Anwendung von Multiplikations- oder Divisionsbefehlen.

5.2. Befehle und Befehlsformat

Alle Verschiebebefehle gehören dem Befehlstyp RS an.

Befehlsformat:

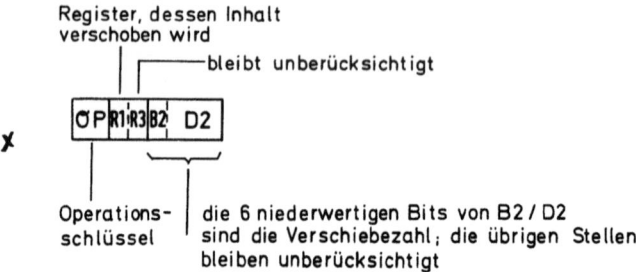

Der mnemotechnische Operationscode für die verschiedenen Verschiebemöglichkeiten baut sich so auf:

S   für Shift (verschieben)
L/R für die Richtung (links oder rechts),
D   für das Stellenverschieben im Registerpaar,
A/L für die Art (arithmetisch oder logisch).

Daraus resultieren folgende Shiftbefehle für arithmetisches Verschieben:
SLA, SRA, SLDA, SRDA. Für die logischen Operationen lauten die
Befehle: SLL, SRL, SLDL, SRDL.

5.3. Codierbeispiele

5.3.1. Logisches Verschieben

Im MZR 3 soll die Bitfolge nach rechts um 2 Stellen ohne Berücksichtigung einer Vorzeichenstelle verschoben werden. Der Verschiebebefehl ist dann so zu codieren:

Name	Operation	Operanden und Bemerkungen
	SRL	3, 2

Die Ziffer 2 (Verschiebezahl) ist der Anteil D 2 der „Adresse" D 2/B 2 (s. Befehlsformat).
Registerinhalt vor der Operation (Binärmuster):
1111 0001 1100 0111 0001 1100 0011 1000.
Der besseren Übersicht wegen wurden Gruppen zu vier Bits gebildet.
Registerinhalt nach der Operation (Binärmuster):
0011 1100 0111 0001 1100 0111 0000 1110.
Beim logischen Verschieben werden von links oder rechts Nullen nachgezogen. Aus dem Register hinausgeschobene Bits gehen verloren.

5.3.2. Arithmetisches Rechtsverschieben

Der Registerinhalt des MZR 5 soll um eine Bitstelle nach rechts verschoben werden; das Vorzeichen ist beizubehalten. Die Aufgabe wird mit diesem Befehl gelöst:

Name	Operation	Operanden und Bemerkungen
	SRA	5,1

Graphisch stellt sich die Verschiebung (mit „verkürzten" Registern) so dar:

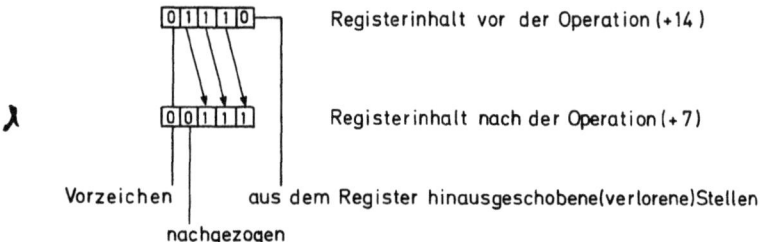

Registerinhalt vor der Operation (+14)

Registerinhalt nach der Operation (+7)

Vorzeichen nachgezogen — aus dem Register hinausgeschobene(verlorene)Stellen

Verschieben um 1 Stelle nach rechts bedeutet also eine Division durch 2.

5.3.3. Arithmetisches Linksverschieben

Name	Operation	Operanden und Bemerkungen
	SLA	7,2

Der Befehl veranlaßt, daß im MZR 7 der Inhalt um 2 Stellen nach links verschoben wird; das Vorzeichen bleibt erhalten. Die Verschiebung bedeutet eine Multiplikation[3] mit dem Faktor 4 (2∗2).

---

3 Beim Codieren wird der Malpunkt durch das Zeichen ∗ angegeben. Potenzzahlen schreibt man so: $2^3 = 2**3$. Zur Darstellung einer Division benutzt man den Schrägstrich (/).

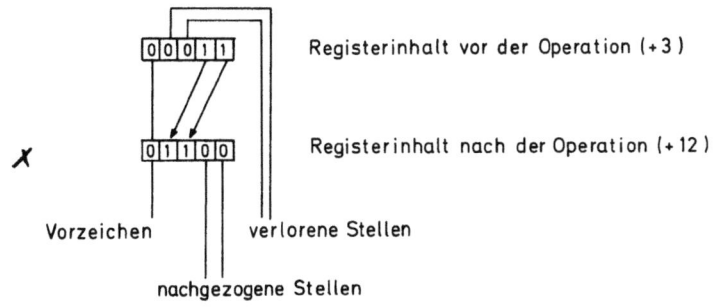

5.3.4. Festpunktüberlauf beim Linksverschieben

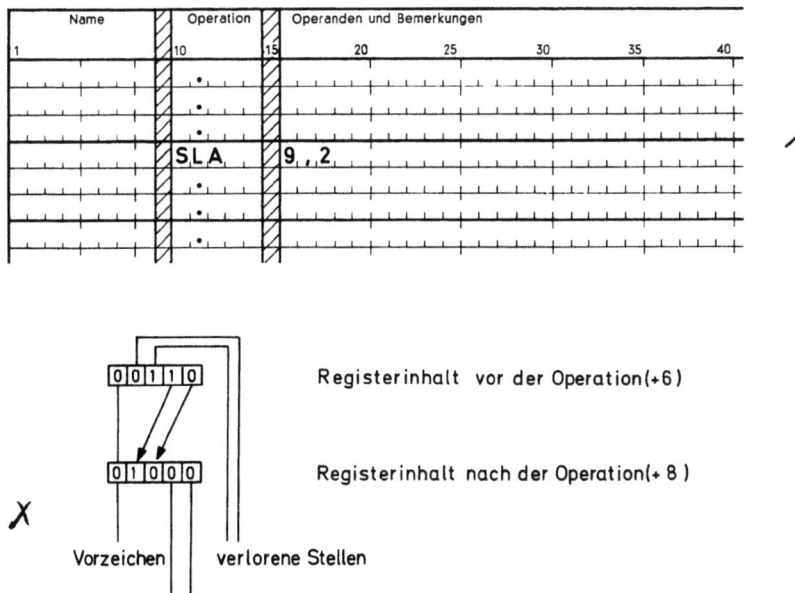

Der Registerinhalt vor der Operationsausführung ist die Zahl 6. Aufgrund der Verschiebezahl 2 wäre der Wert 6∗2∗2 = 24 zu erwarten, ein Wert, der aber in 4 Bits nicht mehr darstellbar ist: es ist Festpunktüberlauf eingetreten, der mit der Anzeige 3 abgefragt werden kann. Das Register enthält den (falschen) Wert 8.

5.3.5. Verschieben negativer Festpunktzahlen

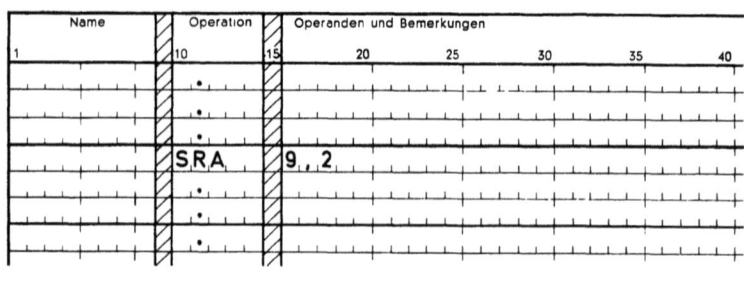

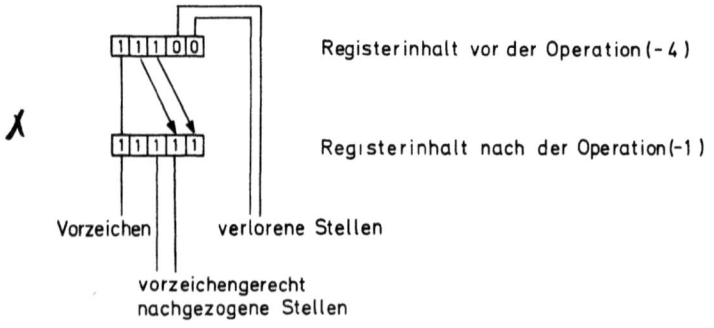

Der Registerinhalt vor dem Verschieben ist die negative Zahl 4 (das Bitmuster ist das Komplement des Zahlenwertes, die Vorzeichenbitstelle ist mit 1 besetzt). Nach der Operation ergibt sich der Wert -1; wie erwartet hat eine Division durch 4 stattgefunden. Das richtige Ergebnis kommt aber nur deshalb zustande, weil Bitstellen „vorzeichengerecht" nachgezogen wurden (im Falle negativer Zahlen Einsen). - Bei ungeraden negativen Zahlen (z. B. -3) ist eine Korrektur des Ergebnisses durch Addition einer 1 auf den Quotienten nötig.

5.3.6. Anzeigen arithmetischer Verschiebebefehle

4 Anzeigen sind möglich:

Anzeige: 0 Das Ergebnis ist gleich 0,
         1 Das Ergebnis ist kleiner als 0,
         2 Das Ergebnis ist größer als 0,
         3 Es ist Festpunktüberlauf eingetreten.

5.3.7. Verschiebeoperationen im Registerpaar

Die Verschiebebefehle SRDA und SLDA laufen im Registerpaar wie in einem einfachen Register ab. Die Anzahl der zu verschiebenden Bitstellen beträgt jetzt bis zu 63. Das im Befehl genannte Register muß geradzahlig adressiert werden.

Name	Operation	Operanden und Bemerkungen
	.	
	.	
	.	
	SRDA	2,5
	.	
	.	
	.	

Mit dem Befehl wird das Registerpaar MZR2/MZR3 adressiert; die Bitfolge wird um 5 Stellen nach rechts verschoben, das Vorzeichen nicht verändert. Für den Befehl SRDA gibt es eine Anwendungsmöglichkeit beim Dividieren von Festpunktzahlen. Bekanntlich muß vor dem Durchführen einer Division (Befehl D, Befehlstyp RX) der Dividend rechtsbündig im Doppelregister stehen (vgl. Teil III, 1.3), d. h. die Vorzeichenstelle ist die Bitposition 0 des geradzahlig adressierten Registers.

Name	Operation	Operanden und Bemerkungen	
	.		
	.		
	.		
DEND	DC	F'-14'	
DOR	DC	F'4'	
	.		
	.		
	L	4,DEND	
	SRDA	4,32	
	D	4,DOR	
	.		
	.		

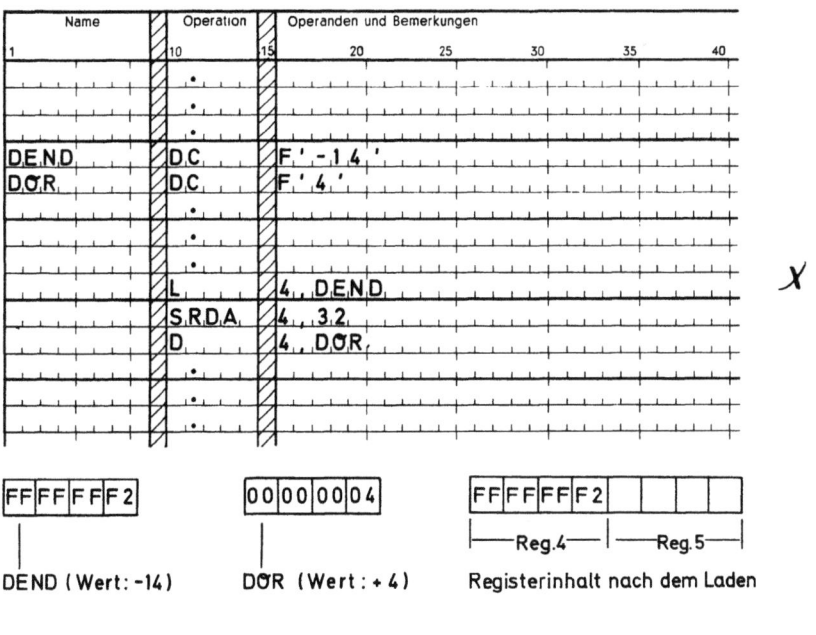

FF FF FF F2		00 00 00 04		FF FF FF F2	
				├─Reg.4─┤ ├─Reg.5─┤
DEND (Wert:-14)		DOR (Wert:+4)		Registerinhalt nach dem Laden

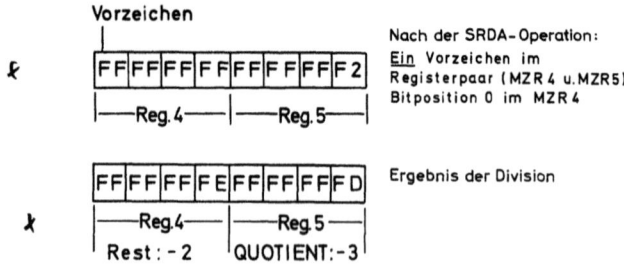

Für positive Dividenden ergibt sich die Möglichkeit, den Dividenden sofort ins ungeradzahlige Register (hier das MZR 5) zu laden und mit dem Befehl SR |4,4 das geradzahlige Register auf binär 0 zu löschen.

6. Tabellenverarbeitung

6.1. Merkmale

Bei der Tabellenverarbeitung tritt neben der Indizierung der Sendefeldadressen das Abarbeiten der Tabellenwerte in einer Programmschleife auf (vgl. Teil III.). Mit wenig Codieraufwand können solche Aufgaben mit den Befehlen BCT, BCTR, BXLE und BXH gelöst werden.

6.2. Zählen und Verzweigen mit den Befehlen BCT und BCTR

Die Befehle BCT (Branch on Count, Befehlstyp RX) und BCTR (Befehlstyp RR) verzweigen zur Zieladresse abhängig vom Inhalt des im 1. Operanden genannten Registers.

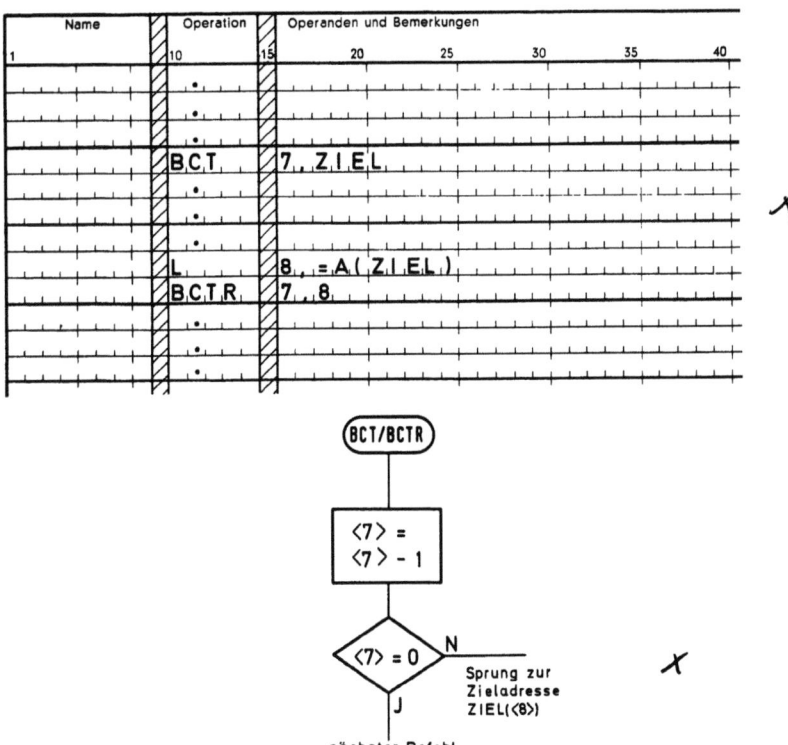

Bei jedem Ansprechen des Befehls wird der Inhalt des genannten Registers um den Wert 1 vermindert. Solange das Ergebnis der Subtraktion ungleich 0 ist, wird der Befehlszähler mit der im Befehl festgelegten Sprungadresse geladen, d.h. es kann immer wieder an den Anfang einer Programmschleife zurückverzweigt werden. Ist der Inhalt des Registers aber gleich 0, bleibt das Befehlszählerregister unverändert; es wird der nächste auf den BCT- bzw. BCTR-Befehl folgende Befehl ausgeführt. In der Form

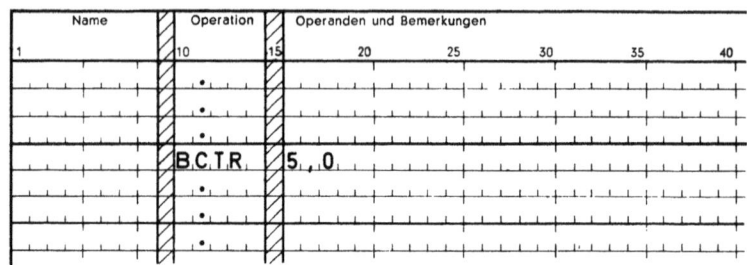

wird zwar der Inhalt des MZR 5 um den Wert 1 vermindert, jedoch kein Sprung ausgeführt (vgl. BALR |5,0). Dieser Sonderfall stellt einen idealen Eins-Subtrahierer dar und ersetzt Befehle wie SH |5,=H'1' oder S |5,=F'1'.

6.3. Codierbeispiele

6.3.1. Addieren einer Zahlentabelle

Es sollen 50 zweistellige, gepackte Dezimalzahlen in einer Tabelle in einem Summenfeld aufaddiert werden (Adressen: WERTE bzw. SUM). Da bei den Befehlen der Dezimalarithmetik die Indizierung der Speicheradresse entfällt (SS-Struktur!) geht man folgendermaßen vor: Man lädt die Anfangsadresse der Tabelle in ein Register und sorgt in der Programmschleife dafür, daß diese Adresse entsprechend der Länge eines Tabellenelementes ständig erhöht wird. Die Anzahl der Schleifendurchläufe wird in einem Register mitgezählt und über den BCT-Befehl abgefragt.

Name	Operation	Operanden und Bemerkungen
WERTE	DS	50CL2
SUM	DC	PL3'0'
	LA	7,50
	LA	5,WERTE
ADD	AP	SUM,0(2,5)
	LA	5,2(5)
	BCT	7,ADD
	MVC	...

6.3.2. Ausgeben von Tabellenfeldern

Der Inhalt einer Tabelle (10 Tabellenelemente zu je 132 Bytes) soll in den Ausgabebereich übertragen und ausgegeben werden.

Name	Operation	Operanden und Bemerkungen
	LA	6,TAB
	L	8,=F'10'
UEB	MVC	AUSB,0(6)
	PUT	LISTE
	A	6,=F'132'
* ODER	LA	6,132(6)
	BCT	8,UEB
TAB	DS	10CL132
AUSB	DS	L132

6.3.3. Umformen von Daten

Eine Routine, die ein Datum vom Zeichenformat ins Binärformat nach untenstehender Vorschrift umrechnet, ist zu codieren.

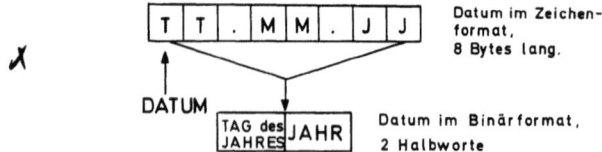

Während sich die Jahreszahl einfach durch Konvertierung ins Binärformat überführen läßt, benötigt man für die Berechnung des Jahrestages eine Tabelle:

31	28	31	30	31	30	31	31	30	31	30	31
Jan.	Feb.	Mrz.	Apr.	Mai	Juni	Juli	Aug.	Sep.	Okt.	Nov.	Dez.

Die Tabelle enthält 12 Halbworte; wieviele Tabellenwerte summiert werden müssen, ergibt sich aus der Monatsangabe (MM).

Name	Operation	Operanden und Bemerkungen	
LES	GET		
	PACK	DW,,DATUM+6(2,)	(1,)
	CVB	4,,DW	(1,)
	STH	4,,BINDAT+2	(2,)
	SLL	4,,30	(3,)
	LTR	4,,4	(3,)
	BC	7,,KONVERT	(4,)
	MVC	TAB+2(2,),,=H'29'	(4,)
KONVERT	PACK	DW,,DATUM+3(2,)	(5,)
	CVB	4,,DW	(5,)
	PACK	DW,,DATUM(2,)	(6,)
	CVB	5,,DW	(6,)
	LA	6,,TAB	
	B	ZAEHL	

Name	Operation	Operanden und Bemerkungen
SUM	A,H	5,0(6)
	L,A	6,2(6)
ZAEHL	B,C,T	4,SUM
	S,T,H	5,BINDAT
DW	D,S	D
TAB	D,C	H'31,28,31,30,31,30'
	D,C	H'31,31,30,31,30,31'
DATUM	D,S	L,8
BINDAT	D,S	2,H

(Kommentare: (7), (8), (9), (10))

(1) Jahreszahl packen und konvertieren (MZR 4).
(2) Abspeichern der binären Jahreszahl.
(3) Schaltjahr? Jede durch 4 teilbare Jahreszahl hat in den Bits 2^0 und 2^1 Nullen. Verschiebt man den Registerinhalt um 30 Bitstellen nach links logisch, so muß der gesamte Registerinhalt binär 0 sein. Mit dem LTR-Befehl kann man das Register testen und die Anzeige abfragen.
(4) War die Anzeige 0 gesetzt, so liegt ein Schaltjahr vor, und die Tabelle wird im Monat Februar berichtigt; im anderen Falle wird das Programm mit der Verarbeitung von Tag und Monat fortgesetzt.
(5) Die Monatszahl wird gepackt und anschließend umgewandelt.
(6) Die Tagesangabe wird in eine Binärzahl konvertiert.
(7) Addition der in der Tabelle (Adresse im MZR 6) adressierten Anzahl Tage.
(8) Neue Tabellenadresse errechnen.
(9) Falls der Inhalt von MZR 4 gleich 0 ist, so sind alle Monate aus der Datumsangabe berücksichtigt worden; das Programm kann mit dem nächsten Befehl weiterarbeiten. Im anderen Fall erfolgt ein Zurückverzweigen zum Addieren der Monatstage.
(10) Der errechnete Tag des Jahres wird in das erste Halbwort bei der Adresse BINDAT abgespeichert.

6.4. Verzweigen nach einer Indexabfrage mit den Befehlen BXH und BXLE

Einfach und bequem wird die Bearbeitung von Tabellen, wenn man im Programm die Befehle BXH (Branch on Index High) oder BXLE (Branch on Index Low or Equal) benutzt; beide gehören zum Befehlstyp RS. Das folgende Diagramm zeigt ihren Ablauf.

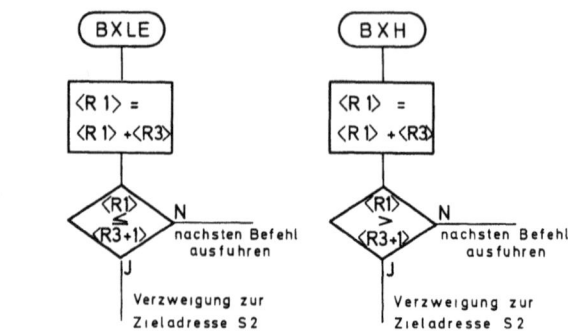

⟨R1⟩ : Symbol für den Inhalt des Registers R1
⟨R3+1⟩ : Symbol für den Inhalt des auf R3 folgenden Registers

Name	Operation	Operanden und Bemerkungen
	BXLE	R1,R3,S2
	BXH	R1,R3,S2
*		R3: GERADZAHLIGE REG. NR.
*		R1,R3,S2: ALLG. FORM

6.5. Codierbeispiele

6.5.1. Addieren einer Tabelle von Dezimalzahlen

50 2-byte große Dezimalzahlen sollen summiert werden (vgl. 6.3.1). Um für die Lösung dieser Aufgabe BX-Befehle einsetzen zu können, lädt man

die Anfangsadresse der Wertetabelle (WERTE) in das MZR R1 (im Beispiel Register Nr. 3), den Adressensprungwert (das Inkrement), bei 2-byte großen Zahlen also der absolute Wert 2, in das MZR R3 (Nr. 4). Das Ende-Kriterium, das ist die Adresse der letzten Dezimalzahl (WERTE+98), wird in dem auf R3 folgenden Register (Nr. 5, allgemein R3+1) erwartet. Zur Summenbildung wird so lange zur Adresse ADD zurückverzweigt, bis der sogenannte Index (Inhalt von R1) gleich oder kleiner dem Ende-Kriterium im Register R3+1 (WERTE+98) ist. R3 muß in diesem Fall geradzahlig adressiert werden.

Name	Operation	Operanden und Bemerkungen
	LM	3,5,AKON
ADD	AP	SUM,0(2,3)
	BXLE	3,4,ADD R1,R3,S2
	MVC	....
AKON	DC	A(WERTE) R1
	DC	A(2) R3
	DC	A(WERTE+98) R3+1
WERTE	DS	50CL2
SUM	DC	PL3'0'

6.5.2. Lesen und Packen von Zahlen, Verarbeitung im Unterprogramm

Name	Operation	Operanden und Bemerkungen	
EINB	DS	L8,0	
	LA	5,EINB	(1)
	L	6,=F'4'	(1)
	LA	7,EINB+7,6	(1)
RT	PACK	REFE,0(4,5)	(2)
	BAL	4,UPRO	(3)
	BXH	5,6,LES	(4)
	B	RT	
LES	GET	....	
UPRO	AP	....	
	BR	4	(5)

(1) Adressen für Branch-Index-Befehl laden.
(2) 4-byte große Zahl nach REFE packen; die aktuelle Adresse steht im MZR 5.
(3) Verarbeiten der Zahlen im Unterprogramm UPRO; die Rücksprungadresse steht im MZR 4.
(4) Verzweigen zum Lesen neuer Daten, wenn der Inhalt des MZR 7 größer ist als der von MZR 5, d.h. wenn alle Zahlen der Tabelle (ab der Adresse EINB) verarbeitet sind. Ist das nicht der Fall, wird mit dem folgenden Sprung-Befehl zur Adresse RT verzweigt und der jeweils nächste Tabellenwert gepackt.
(5) Rücksprung aus dem Unterprogramm zur Adresse des BXH-Befehls.

6.5.3. Tabellieren von Vertreterumsätzen

In einem Handelsunternehmen wurden während eines Jahres Datensätze mit den monatlichen Vertreterumsätzen gespeichert. Der monatliche Datensatz enthält konstant 100 Vertreterumsätze und wird mit einem GET-Makroaufruf bei der Adresse REC abgespeichert. Es soll eine Tabelle mit den maximalen und minimalen Umsätzen pro Monat (nicht mehr vertreterbezogen) für das betrachtete Jahr erstellt werden. Die Tabelle (Resultatetabelle) hat somit 12 Tabellenelemente, für jeden Monat ein Element (1 Doppelwort).

Aufbau des Datensatzes (Tabelle der monatlichen Vertreterumsätze):

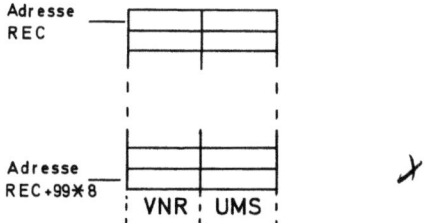

VNR: Vertreternummer (1 Wort)
UMS: Umsatz, binär (1 Wort)

Resultatetabelle:

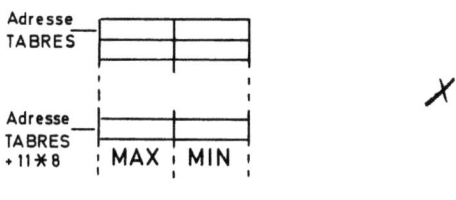

MAX: Maximaler Umsatz,
      binär (1 Wort)
MIN: Minimaler Umsatz,
      binär (1 Wort)

Programmablaufplan für das Unterprogramm
„Vertreterumsätze tabellieren"

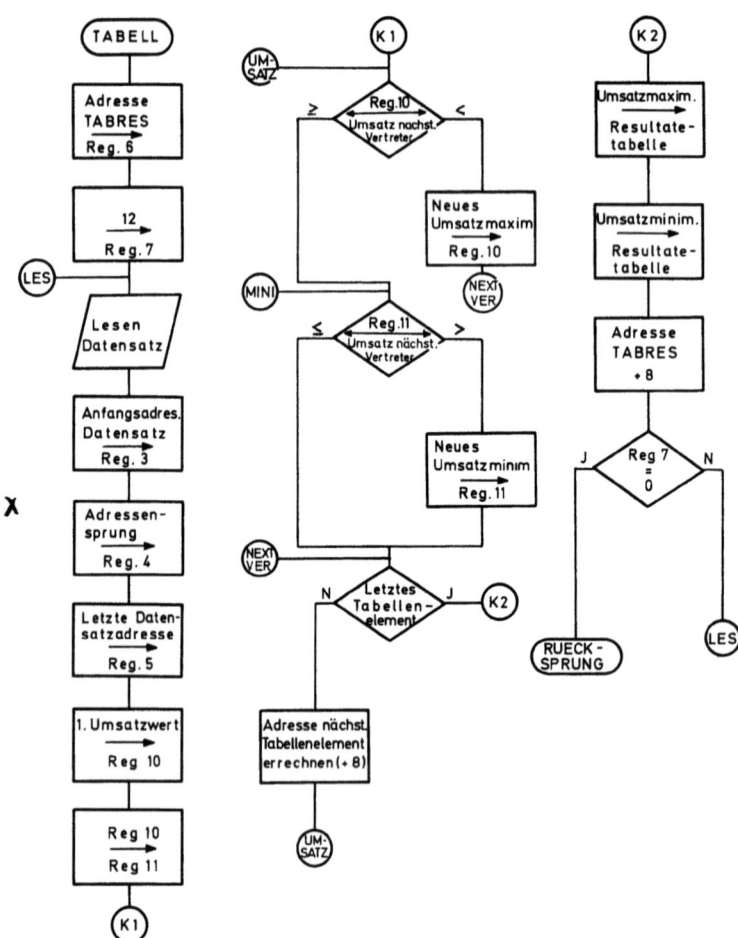

Name	Operation	Operanden und Bemerkungen	
	BAL	9, TABELL	
	.		
	.		
TABELL	LA	6, TABRES	(1)
	LA	7, 12	(2)
LES	GET	. , . , .	(4)
	.		
	LM	3, 5, AKON	(3)
	L	10, 4, (3)	(5)
	LR	11, 10	(6)
UMSATZ	C	10, 4, (3)	(7)
	BC	11, MINI	(8)
	L	10, 4, (3)	(9)
	B	NEXTVER	
MINI	C	11, 4, (3)	(10)
	BNH	NEXTVER	(11)
	L	11, 4, (3)	(12)
NEXTVER	BXLE	3, 4, UMSATZ	(13)
	STM	10, 11, 0, (6)	(14)
	LA	6, 8, (6)	(15)
	BCT	7, LES	(16)
	BR	9	(17)
TABRES	DS	1, 2, D	(1)
REC	DS	10, 0, D	(4)
AKON	DC	A (REC)	(3)
	DC	A (8)	(3)
	DC	A (REC+99*8)	(3)
	END		

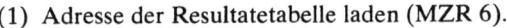

(1) Adresse der Resultatetabelle laden (MZR 6).
(2) Zählregister 7 mit der Zahl 12 laden (Anzahl der zu verarbeitenden Datensätze).
(3) Register des Index-Befehls mit den Anfangs- und Endadressen der Datensatzelemente sowie dem Wert für den Adressensprung laden.
(4) Lesen der monatlichen Datensätze.
(5) MZR 10 für das Umsatzmaximum festlegen; 1. Umsatz ab Adresse REC+4 laden.
(6) MZR 11 für das Umsatzminimum festlegen und mit dem 1. Umsatz laden (Minimum gleich Maximum).
(7) Den letzten Umsatzwert mit dem Umsatz des jeweils nächsten Vertreters vergleichen.

(8) Falls der aktuelle Umsatz kleiner ist als der zuletzt abgespeicherte, prüfen, ob neues Umsatzminimum vorhanden (vgl. Pos. 10).
(9) Der aktuelle Umsatz ist größer als der letzte; er wird ins MZR 10 geladen.
(10) Prüfen auf neues Umsatzminimum.
(11) Falls nach dem Vergleich die Anzeige „letztes Minimum nicht größer" lautet: Adresse des nächsten Vertreters im Datensatz errechnen.
(12) Neues Minimum laden.
(13) Prüfen, ob der monatliche Datensatz abgearbeitet ist. Falls nicht zutreffend, nächste Adresse für Vertreterumsatz errechnen und zur Umsatzprüfung (Adresse UMSATZ) zurückverzweigen.
(14) Abspeichern der monatlichen Umsatzgrenzwerte in der Resultatetabelle.
(15) Adresse des Elements in der Resultatetabelle errechnen.
(16) Solange die Resultatetabelle noch nicht vollständig mit Umsatzwerten versehen ist, verzweigen zum Lesen des nächsten Datensatzes.
(17) Rücksprung aus dem Unterprogramm (BAL |9,TABELL). Die Resultatetabelle ist vollständig aufgebaut.

6.5.4. Absuchen von Tabellen nach der Sprungmethode

Eine aufsteigend sortierte Tabelle soll nach Kennbegriffen abgesucht werden. Die Tabelle kann eine gerade oder ungerade Anzahl Elemente konstanter Länge enthalten. Wird kein Tabellenelement gefunden, dessen Kennbegriff dem Suchbegriff entspricht, soll im Ablieferfeld anstelle der Tabelleninformation die Kennung X'FF' übergeben werden.

Die erste Einsprungstelle (Index) ist die Mitte der Ausgangstabelle. Sie errechnet sich gemäß

$$\frac{\text{Anfangsindex} + \text{Endindex}}{2} = \text{Einsprungstelle} \, .$$

Falls der adressierte Kennbegriff in der Tabelle nicht gleich dem Suchbegriff ist, wird in dem Teil der Tabelle weitergesucht, in dem der Suchbegriff liegen müßte (obere oder untere Hälfte). Dieser Teil wird dann als neue Tabelle aufgefaßt und hierfür eine neue Einsprungstelle (Index) gemäß obiger Formel errechnet. Für die folgende Tabelle sind die jeweiligen Resttabellen mit ihren Einsprungstellen dargestellt.

1. Einsprungstelle

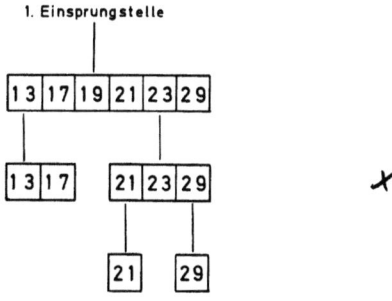

Damit keine Begriffe gesucht werden können, die kleiner sind als der kleinste Begriff der jeweiligen Resttabelle, muß eine entsprechende Abfrage vorgesehen werden. Bei einer Tabelle mit 2 Elementen kann nach oben keine Überschreitung eintreten, weil bei der Ermittlung des Index der Rest immer entfällt.

Programmablaufplan für die Routine (Unterprogramm) „Absuchen von Tabellen nach der Sprungmethode":

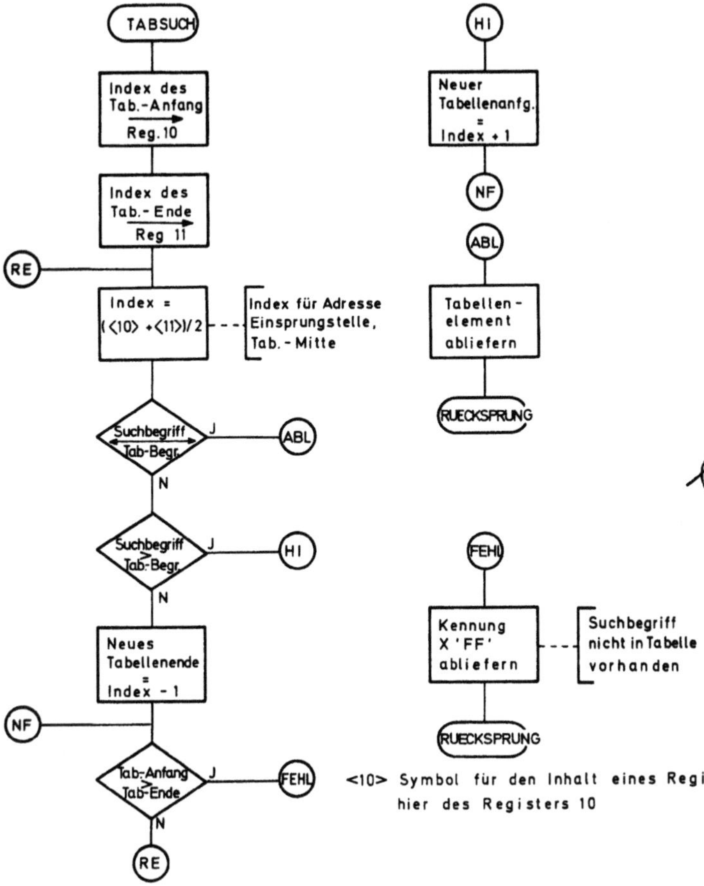

<10> Symbol für den Inhalt eines Registers, hier des Registers 10

47

Der Routine stehen folgende Angaben zur Verfügung:
Adresse des Tabellenanfangs TABADR,
Anzahl der Tabellenelemente in einem Halbwort (Adresse ANZAHL),
Adresse des Suchbegriffs SUCH,
Länge eines Tabellenelementes (Halbwort bei der Adresse LAENGE),
Adresse des Ablieferfeldes (Routine ab ABL).

Name	Operation	Operanden und Bemerkungen	
	*	ABSUCHEN VON TABELLEN NACH DER	
	*	SPRUNGMETHODE	
TABSUCH	EQU	*	(1,9)
	L,H	10,=H'1'	(1)
	L,H	11,ANZAHL	(2)
RE	L,A	12,0(10,11)	(3)
	S,R,A	12,1	(4)
	L,R	13,12	(5)
	B,C,T,R	13,0	(6)
	M,H	13,LAENGE	(7)
	L,A	13,TABADR(13)	(8)
	C,L,C	SUCH,0(13)	(9)
	B,E	ABL	(10)
	B,H	HI	(11)
	L,R	11,12	(12)
	S,H	11,=H'1'	(13)
	B	NF	
HI	L,A	10,1(12)	(14)
NF	C,R	10,11	(15)
	B,N,H	RE	(16)
FEHL	.	. . .	(17)
ABL	.	. . .	(18)

(1) Index des Tabellenanfangs in das MZR 10 laden.
(2) Index des Tabellenendes (Anzahl der Elemente) in das MZR 11 laden.
(3) Summe der Indizes im MZR 12 bereitstellen.
(4) Index der Mitte (Einsprungstelle) errechnen.
(5) Index für die Adressierung sichern.
(6) Adressierung des Tabellenelementes auf die jeweilige TABADR+0 beziehen.
(7) Länge des Tabellenelementes in der Adressierung berücksichtigen.

(8) Aktuelle (indizierte) Tabellenadresse im MZR 13 zur Verfügung stellen.
(9) Suchbegriff mit dem Kennbegriff des Tabellenelementes vergleichen.
(10) Das gefundene Element bei der vereinbarten Feldadresse abliefern.
(11) Suchbegriff liegt in der oberen Tabellenhälfte; dort weitersuchen.
(12) Aktuellen Index (augenblicklicher Prüfpunkt) in das MZR 11 laden.
(13) Durch 1-Subtraktion den neuen Index für das Tabellenende errechnen.
(14) Durch 1-Addition den neuen Index für den Tabellenanfang der Resttabelle errechnen.
(15) Falls „Index Tabellenende" kleiner als „Index Tabellenanfang" wurde der Begriff nicht gefunden.
(16) In Abhängigkeit vom Vergleichsergebnis (Pos. 17) Verzweigung zum Weitersuchen oder Übertragen von X'FF' in das Ablieferfeld.
(17) Beginn der Befehlsfolge für den Fall „Begriff nicht gefunden".
(18) Übergeben der gefundenen Tabelleninformation im Ablieferfeld.
(19) Mit der Anweisung EQU (Gleichsetzen) wird eine Einsprungstelle im Programm geschaffen (vgl. 12.8).

7. Logische Verknüpfung

7.1. Die logische Verknüpfung als Schaltfunktion

Logische Verknüpfungen sind die Grundlage aller Steuerungsvorgänge in der Hardware einer Datenverarbeitungsanlage. Sie stellen eine Schaltfunktion dar, in der zwei oder mehrere binäre Signale (Impulse) ein Ergebnissignal erzeugen. Schaltfunktionen mit zwei Variablen, den Zuständen „wahr" (ausgedrückt durch die Ziffer 1) und „unwahr" (Ziffer 0) gemäß der Booleschen Algebra, sind besonders interessant. Drei logische Verknüpfungen können durch Befehle vorteilhaft in Programmen benutzt werden:

das „logische UND" (Konjunktion),
das „logische ODER" (Disjunktion),
das „logische ausschließende ODER" (Antivalenz).

Mit den Befehlen für die genannten Verknüpfungen hat der Codierer die Möglichkeit, einzelne Bits im Byte anzusprechen. Den Bitstellen kann man z. B. Schalterfunktionen zuordnen und die Schalterstellung (0 oder 1) für Programmverzweigungen auswerten. In anderen Anwendungen dienen die Werte der Bitstellen zur Darstellung von Personenkennzeichen oder Sprungbedingungen.

7.2. Die programmierbaren Funktionen

7.2.1. Die ODER-Verknüpfung

Die Funktion kann man sich leicht am häuslichen Lichtnetz klarmachen. Wir wollen dazu die Lampe L in Abhängigkeit von der Schalterstellung S1 und S2 beobachten (vgl. Schaltskizze). In der Wertetabelle bezeichnen wir den Zustand „Lampe leuchtet" mit 1, „Lampe dunkel" mit 0, ein betätigter Schalter wird mit 1 beschrieben, ein unbetätigter mit 0. Die beiden Schalter (S1 und S2) lassen vier Kombinationen zu, die zu unterschiedlichem Verhalten führen. Wenn S1 betätigt ist oder S2 oder wenn beide Schalter betätigt sind, dann leuchtet die Lampe (geschlossener Stromkreis). Diese Schaltung entspricht der ODER-Verknüpfung.

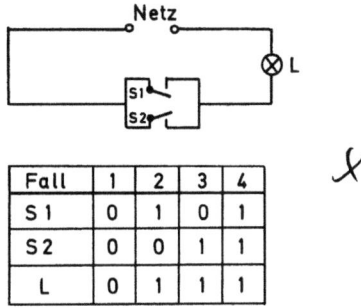

Am Fall 4 der Tabelle erkennt man, daß es sich nicht um arithmetische Operationen handeln kann, denn nach den Gesetzen der Dualarithmetik ergibt 1 + 1 = 0 (mit einem Übertrag in die nächste Stelle). Wenn man den Zustand von S1 als Ausgangsinformation ansieht, die Stellung des Schalters S2 als Verknüpfungsinformation und die leuchtende oder dunkle Lampe L als Ergebnisinformation interpretiert, so gilt für die ODER-Verknüpfung folgender Merksatz: Eine 0 als Verknüpfungsinformation erhält den Ausgangswert (d. h. Ergebnis = Ausgangswert), eine 1 setzt das Ergebnis unbedingt auf 1.

7.2.2. Die UND-Verknüpfung

Ändert man die Schaltskizze so ab, daß die Schalter S1 und S2 in Serie liegen und stellt wieder eine Wertetabelle auf, dann lautet die Aussage: Nur wenn Schalter S1 und gleichzeitig Schalter S2 betätigt sind, leuchtet die Lampe auf. Die Wertetabelle läßt folgende Aussage zu: Eine 1 als Verknüpfungsinformation (S2) erhält die Ausgangsinformation (S1) im Ergebnis, eine 0 (S2) setzt das Ergebnis unbedingt auf 0.

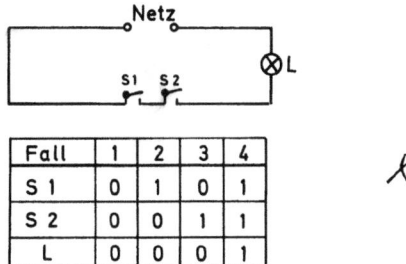

7.2.3. Die Ausschließendes-ODER-Verknüpfung

Wir verändern die Schaltskizze nochmals. S1 und S2 sind jetzt Doppelkontakte, d.h. bei Betätigung des Schalters S1 schließt S12 und S11 öffnet; für S2 gilt entsprechendes. Für den Ruhezustand erkennt man, daß ein Stromfluß nicht zustande kommen kann, die Lampe bleibt also dunkel. Betätigt man aber S1, wird über die Kontakte S12 und S22 der Stromkreis geschlossen und die Lampe leuchtet. Wird S2 betätigt, fließt Strom über S11 und S21 durch die Lampe. Betätigt man jedoch beide Schalter S1 und S2 gleichzeitig, ist der Stromkreis wieder offen, und die Lampe kann nicht aufleuchten. Betrachten wir die zugehörige Wertetabelle, so läßt sich ablesen: Das Ergebnis ist immer dann 1 (Lampe leuchtet), wenn S1 oder S2 betätigt ist. Die gleichzeitige Betätigung der beiden Schalter führt aber (im Gegensatz zur ODER-Verknüpfung) zum Ergebnis 0. Als Merksatz gilt: Eine 1 als Verknüpfungsinformation (S2) invertiert und eine 0 erhält die Ausgangsinformation.

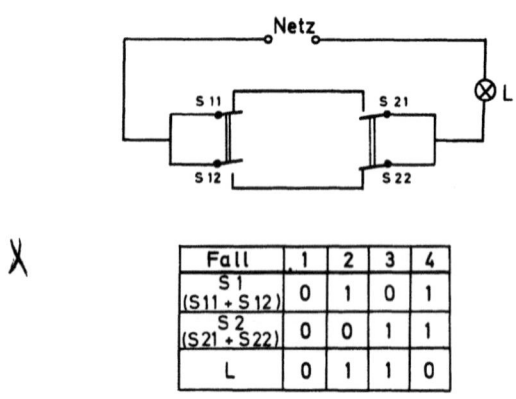

7.3. Befehle und Befehlstypen

Befehle für die Ausführung logischer Verknüpfungen gibt es in allen Befehlstypen. Für die ODER-Verknüpfung erscheint im mnemotechnischen Operationscode immer ein O, für die UND-Verknüpfung ein N und für das „ausschließende ODER" ein X.

Die Operationscodes, nach Befehlstypen geordnet, sind in den folgenden Assemblerbefehlen enthalten:

Befehlstyp RR:	OR	5,7	Die Inhalte beider Register werden miteinander verknüpft. Das Ergebnis steht im MZR 5.
	NR	5,7	
	XR	5,7	
Befehlstyp RX:	O	5,WORT	Die Inhalte von Arbeitsspeicherwort und Register werden miteinander verknüpft. Das Ergebnis steht im MZR 5.
	N	5,WORT	
	X	5,WORT	
Befehlstyp SS:	OC	A1,A2	Die Inhalte zweier Arbeitsspeicherfelder werden verknüpft. Das Ergebnis steht ab der Adresse A1.
	NC	A1,A2	
	XC	A1,A2	
Befehlstyp SI:	OI	BYTE,X'OF'	Der Inhalt eines Bytes im Arbeitsspeicher wird mit dem im Direktoperanden definierten Bitmuster verknüpft. Das Ergebnis entsteht im Bytefeld (Adresse BYTE).
	NI	BYTE,X'OF'	
	XI	BYTE,X'OF'	

7.4. Codierbeispiele

7.4.1. Vorzeichenumwandlung

Im Summenfeld dezimalarithmetischer Operationen soll ein negatives Vorzeichen durch ein positives ersetzt werden; für ein positives Vorzeichen soll keine Änderung eintreten.

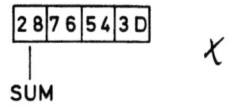

```
Name       Operation   Operanden und Bemerkungen
1          10          15    20    25    30    35    40
           .
           .
           .
           N,I         S,U,M,+,3 ,,X,',F,C,'
           .
           .
           .
```

3D: 00111101 Inhalt des Vorzeichenbytes des Summenfeldes
FC: 11111100 Verknüpfungsinformation

3C: 00111100 Inhalt des Vorzeichenbytes nach der Operation

7.4.2. Zurücksetzen eines Schalterbits

Die Bitstellen des Bytes mit der Adresse SCHALT werden als Schalter verwendet. Das Bit in der Bitposition 4 (Stufe 2^3) ist zurückzusetzen.

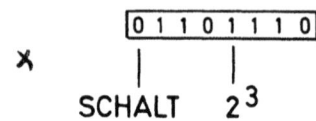

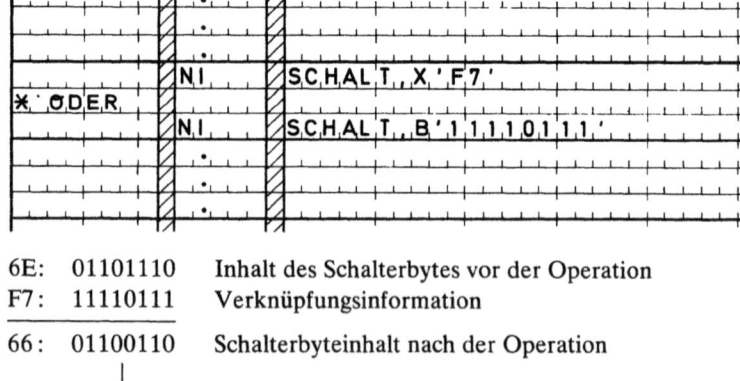

6E: 01101110 Inhalt des Schalterbytes vor der Operation
F7: 11110111 Verknüpfungsinformation

66: 01100110 Schalterbyteinhalt nach der Operation
              └─── angesprochenes Schalterbit

7.4.3. Registerinhalt auf binär 0 löschen

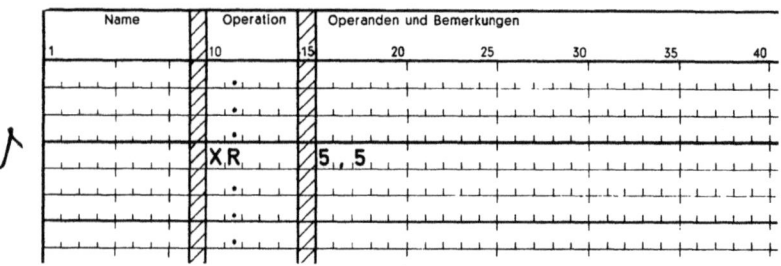

01110...	...0110	Inhalt MZR 5 vor der Operation
01110...	...0110	Verknüpfungsinformation
00000...	...0000	Das MZR 5 ist auf binär 0 gelöscht

7.4.4. Ändern von Personenkennzeichen

Für verschiedene Auswertungen sind im Byte mit der Adresse PERSON Personenkennzeichen festgehalten.

Bedeutung der Bitstellen:

Bitstelle	Bedeutung	Bit = 1	Bit = 0
2^7	Geschlecht	männlich	weiblich
2^6	Familienstand	verheiratet	ledig, geschieden, verwitwet
2^5	Alter	<40	≥ 40
2^4	Schulbildung	höhere Schulbildung	Hauptschule
2^3	Deutsche Staatsangehörigkeit	ja	nein
2^2	Militärdienst	ja	nein
2^1	Firmenzugehörigkeit	<10 Jahre	≥10 Jahre
2^0	Arbeitsverhältnis	Lohnempfänger	Angestellter

Die Personalien des Herrn X werden so angegeben: ledig, 30 Jahre alt, Gymnasium, kein Militärdienst, Deutscher, 12 Jahre in der Firma, Angestellter. Diesen Angaben entspricht das folgende Bitmuster:

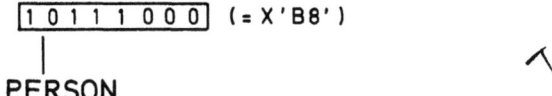

```
|1 0 1 1 1 0 0 0|  ( = X'B8' )
 |
PERSON
```

Wenn sich die Kennzeichen von Herrn X ändern, muß der Inhalt des Merkmalbytes für Herrn X berichtigt werden. Folgende Veränderungen sind mit Hilfe logischer Verknüpfungen im Feld PERSON nacheinander durchzuführen: Herr X heiratet und leistet Militärdienst ab, dann läßt er sich scheiden. Schließlich soll das Personendatenfeld auf binär 0 gesetzt werden.

Die erste Veränderung kann wie folgt bewirkt werden:

Name	Operation	Operanden und Bemerkungen
	OI	PERSON,X'44'

B8: 10111000 Ausgangsmerkmale
44: 01000100

FC: 11111100 Neue Personeninformation

Die nächste Veränderung in den Personendaten (Berücksichtigung der Scheidung) erzeugt diese UND-Verknüpfung:

Name	Operation	Operanden und Bemerkungen
	NI	PERSON,X'BF'

FC: 11111100 Ausgangsmerkmale nach der ersten Veränderung
BF: 10111111

BC: 10111100 Aktualisierte Personendaten

Die letzte Veränderung, nämlich das Löschen des 1-byte großen Feldinhaltes PERSON auf binär 0, kann so codiert werden:

Name	Operation	Operanden und Bemerkungen
	XC	PERSON,PERSON
PERSON	DS	L1

56

BC: 10111100
BC: 10111100
―――――――――――
00 : 00000000

7.4.5. Verzweigen in eine Sprungtabelle

Wenn in Abhängigkeit von einem Kennbegriff, z. B. den Satzarten 0 bis 9, in zehn verschiedene Subroutinen verzweigt werden soll, baut man am besten eine Sprungtabelle auf und rechnet die Satzart so um, daß der dem Kennbegriff entsprechende Sprung in die Tabelle ausgeführt wird. Für die Satzart 2 ist das die Adresse VERARB + 8, weil die Sprungbefehle dem RX-Befehlstyp angehören, also 4 Bytes groß sind. Der folgende Programmausschnitt zeigt die gesamte Befehlsfolge zum Lösen des Problems.

Name	Operation	Operanden und Bemerkungen
VERARB	B	SA,0 (6)
	B	SA,1
	B	SA,2
	B	SA,3
	B	SA,4
	B	SA,5
	B	SA,6
	B	SA,7
	B	SA,8
	B	SA,9
	X,R	3,,3 (1)
	N,I	SA,,X'0F' (2)
	I,C	3,,SA (3)
	M,H	3,,=H'4' (4)
	B	VERARB,(3,) (5)
EBER	DS	0CL,80
SA	DS	CL,1
DATEN	DS	CL,79

(1) MZR 3 (zur Indizierung der Adresse VERARB) auf binär 0 löschen.
(2) Das Zonenhalbbyte im Feld SA auf binär 0 setzen.
(3) Die Satzart (als Festpunktzahl) im MZR 3 einsetzen (IC-Befehl vgl. 7.7.).
(4) Adressendistanz der Sprungbefehle berücksichtigen.
(5) Verzweigen in die Sprungtabelle; die Modifikation der Adresse erfolgt über das Indexregister 3 (MZR 3).
(6) Sprungtabelle für 10 Subroutinen.

7.5. Testen von Merkmalen, Schalterstellungen und Fehlerbytes mit dem Befehl TM

Mit den Befehlen für logische Verknüpfungen ist es möglich, im adressierten Byte oder Feld einzelne Bits zu setzen oder zurückzusetzen. Um vom Wert der Bitstelle eine Entscheidung z. B. für eine Verzweigung im Programm ableiten zu können, muß der Wert abgefragt werden. Der Befehl, der für diese Aufgabenstellung geeignet ist, heißt TM (Test under Mask). Er gehört zum Befehlstyp SI. Es werden die Bits des ersten Operanden geprüft, die in einer Maske (das ist der Direktoperand) an der entsprechenden Stelle auf 1 gesetzt sind.

7.6. Codierbeispiele zum TM-Befehl

7.6.1. Abfragen eines Schalterbytes

Der Inhalt eines Schalterbytes (Adresse SCHALT) soll an den bezeichneten Stellen abgefragt werden.

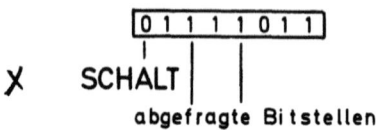

Der TM-Befehl muß dann so lauten:

Name	Operation	Operanden und Bemerkungen
	TM	SCHALT,B'00010100'

Das Prüfungsergebnis wird in Anzeigen festgehalten:

Anzeige: 0 Alle getesteten Bits haben den Wert 0,
1 Die getesteten Bits haben sowohl den Wert 1 als auch den Wert 0,
2 Nicht verwendet,
3 Alle getesteten Bits haben den Wert 1.

Für das obige Beispiel wird also die Anzeige 3 gesetzt. Für die Auswertung der Anzeigen nach einem TM-Befehl gibt es drei Pseudosprungbefehle (vgl. 12.8, erweiterter mnemotechnischer Operationscode):

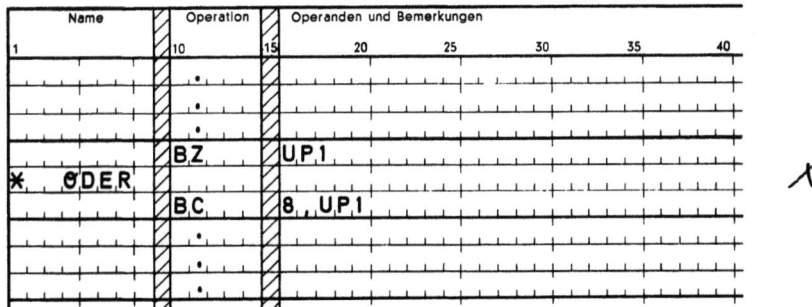

Falls die geprüften Bits allesamt Nullen waren, wird zur Adresse UP1 verzweigt. Im Pseudosprungbefehl BZ bedeutet die eingearbeitete Maske Z: Null (Zero).

Diese beiden Befehle fragen den Zustand „alle Bits Einsen" ab. Das O im Sprungbefehl kommt von „Ones" (Einsen).

Name	Operation	Operanden und Bemerkungen

```
                BM      UP3
X   * ODER
                BC      4,,UP3
```

Mit der eingearbeiteten Maske M wird zum Unterprogramm UP3 verzweigt, wenn die getesteten Bits Einsen und Nullen waren. Das M leitet sich von „Mixed" (gemischt) ab.

7.6.2. Verzweigen in Subroutinen

Im Abschnitt 7.4.4. werden Personenkennzeichen durch Bitfolgen dargestellt; die Bedeutung der einzelnen Stelle ist in einer Tabelle festgehalten. In Druckroutinen sollen alle männlichen deutschen Personen und alle weiblichen Lohnempfänger in je einer Liste ausgegeben werden. LIST1 ist die Adresse der Druckroutine für männliche Deutsche, LIST2 die Adresse der Subroutine zum Erstellen einer Liste aller weiblichen Lohnempfänger.

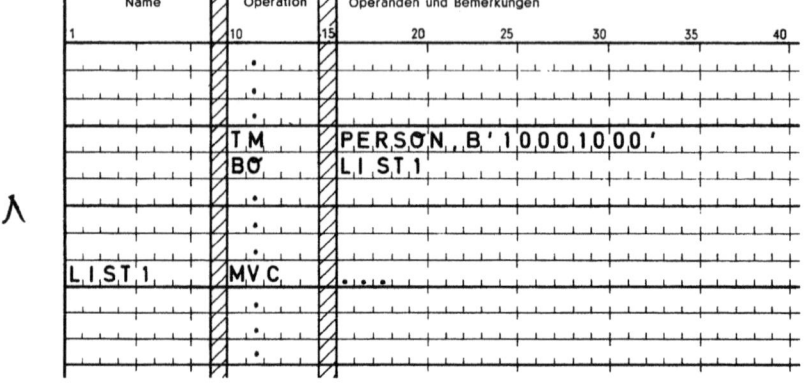

Name	Operation	Operanden und Bemerkungen
	TM	PERSON,B'10000001'
	BM	A
A	TM	PERSON,B'10000000'
	BZ	LIST2
LIST2	MVC	

7.7. Einsetzen von Zeichen in Register oder Arbeitsspeicherfelder mit den Befehlen IC beziehungsweise STC

Beide Befehle gehören zum Befehlstyp RX, IC steht für „insert charakter", also Einsetzen eines Zeichens in ein Register. STC bedeutet „store character", d.h. Speichern eines Zeichens im Arbeitsspeicher. Im Gegensatz zu anderen RX-Befehlen braucht die Arbeitsspeicheradresse des 2. Operanden nicht auf Wortgrenze ausgerichtet zu sein. An den folgenden Beispielen erkennt man leicht die Funktionsweise der Befehle.

Name	Operation	Operanden und Bemerkungen
	IC	5,KON

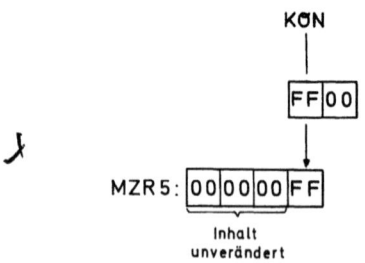

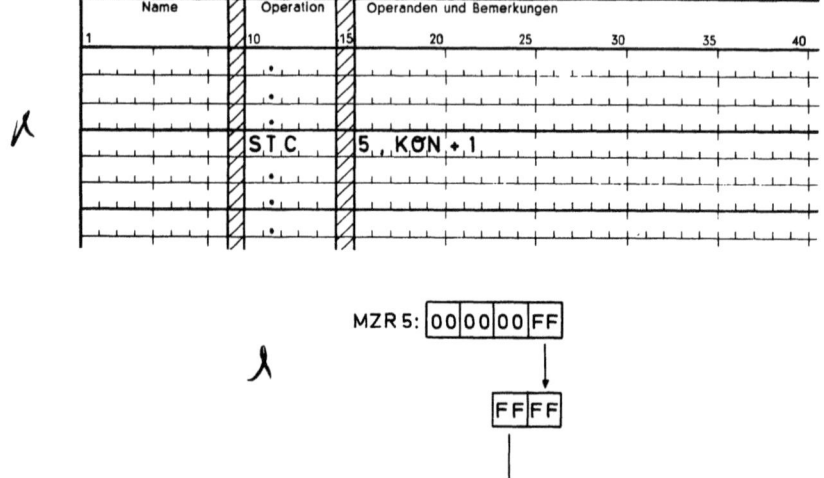

Mit den Befehlen ICM und STCM ist es möglich, 1 bis 4 Bytes in ein Register zu laden beziehungsweise abzuspeichern. Die Auswahl der Bytes wird durch eine im Befehl genannte Maske getroffen. Zum Vergleichen der ausgewählten Bytes dient der CLM-Befehl. Beispiele hierüber befinden sich im Anhang (Abschnitt 12.3).

8. Umsetzen und Testen von Datenfeldern

8.1. Funktionen des Befehls TRT (Translate and Test)

Dieser Befehl ist in seinen Funktionen ein erweiterter TR-Befehl (vgl. Teil III, 4.3). Anwendungsmöglichkeiten für den TRT-Befehl ergeben sich beim Prüfen von Feldinhalten auf numerischen Inhalt oder Ermitteln von variablen Feldlängen.

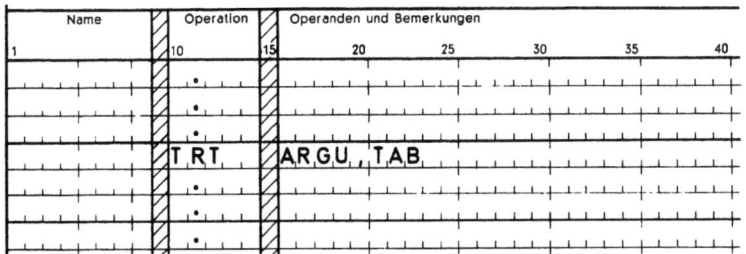

Der Ablauf des Befehls kann an der folgenden Skizze leicht verfolgt werden. Jedes Argumentbyte (im Feld mit der Adresse ARGU) wird binär zur Anfangsadresse der Codetabelle (Adresse TAB) addiert. Die so errechnete Adresse bezeichnet in der Codetabelle ein bestimmtes Zeichen (Funktionsbyte). Falls das adressierte Funktionsbyte ungleich X'00' ist, endet die Befehlsausführung. Das Tabellenbyte wird im MZR 2 und die Adresse des Argumentbytes im MZR 1 abgespeichert. Die Argumentbytes bleiben, im Gegensatz zum TR-Befehl, erhalten. Der Befehl prüft maximal so viele Funktionsbytes wie der 1. Operand lang ist.

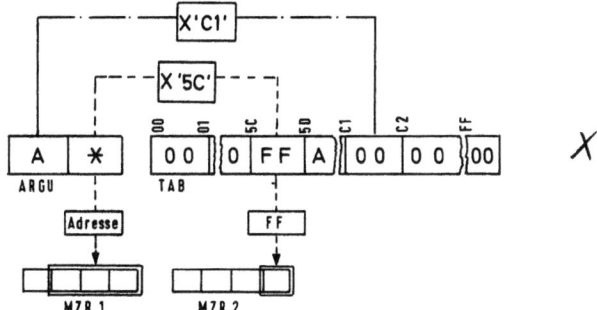

Der TRT-Befehl setzt folgende Anzeigen:
Anzeige: 0 Alle adressierten Funktionsbytes waren X'00',
1 Ein Funktionsbyte war ungleich X'00', bevor der 1. Operand abgearbeitet war,
2 Das letzte Argumentbyte adressierte ein Funktionsbyte ungleich X'00'.

8.2. Codierbeispiele

8.2.1. Prüfen eines Eingabefeldes auf numerischen Inhalt

Der Inhalt, der ab der Adresse FELD (Argumentbytes) zu prüfen ist, sei folgender:

```
        |F 1|F 0|F 9|F 4|F9|
λ         |
          FELD
```

Ein Lösungsweg wäre, jedes einzelne Byte zu untersuchen, ob sein Inhalt nicht kleiner als X'F0' und nicht größer als X'F9' ist. Für die vorliegende Aufgabenstellung bietet sich jedoch der Einsatz des TRT-Befehls an. Die Codetabelle muß dann so aufgebaut sein, daß die durch die Argumente X'F0' bis X'F9' adressierten Tabellenplätze auf X'00' definiert sind. Die übrigen Funktionsbytes dürfen einen beliebigen, von X'00' verschiedenen Inhalt aufweisen.

Name	Operation	Operanden und Bemerkungen				
PRUEF	TRT	FELD,TAB				
	BC	7,FEHLER				(1)
	MVC	...				
FEHLER	EQU	*				(2)
	LA	....				
TAB	DC	L256' '				(3)
	ORG	TAB+X'F0'				(4)
	DC	XL10'0'				(5)
	ORG					(6)
FELD	DS	L5				

64

(1) Verzweigung in eine Fehlerroutine, falls ein Funktionsbyte ungleich X'00' adressiert wird.
(2) Einsprungstelle durch eine EQU-Anweisung erzeugen (vgl. 12.8).
(3) Aufbau einer Tabelle mit zunächst 256 Bytes Zwischenraum.
(4) Adreßpegel zurücksetzen; X'F0' ist der kleinste numerische Feldinhalt.
(5) Für numerische Argumentbytes läuft der TRT-Befehl weiter.
(6) Größten Adreßpegel wiederherstellen.

Dürfen im Eingabefeld auch negative entpackte Zahlen vorkommen, muß der Sprung in eine Fehlerroutine vermieden werden. Die Befehlsfolge ist dann so zu erweitern, daß nach der Abfrage der Anzeige 2 (das letzte Argument adressierte ein Funktionsbyte ungleich X'00') in eine Routine verzweigt wird, in der eine zusätzliche Bearbeitung des Sonderfalls erfolgt.

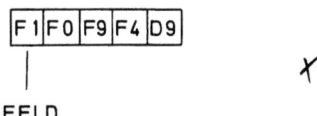

FELD

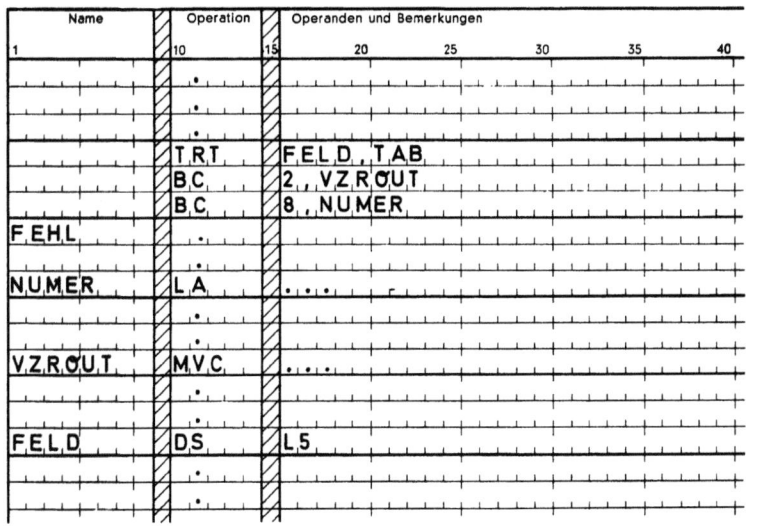

8.2.2. Ermitteln von Feldlängen

Ein Eingabebereich enthalte (nacheinander je einen) Namen variabler Länge; das Namensende sei durch das Zeichen * (X'5C') gekennzeichnet. Die Namen sollen in ihrer variablen Länge in einen Ausgabebereich übertragen und dann ausgegeben werden.

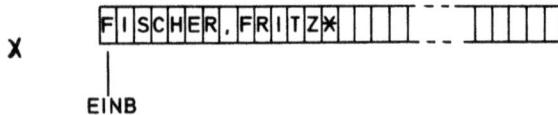

✗

|
EINB

Um die aktuelle Namenslänge errechnen zu können, benutzt man den TRT-Befehl und eine Funktionstabelle, in der alle Byteinhalte, ausgenommen bei der Adresse TAB+X'5C', binär 0 sind. Die Befehlsausführung wird beendet, wenn man mit dem Argument das einzige Funktionsbyte ungleich 0 in der Tabelle adressiert. Im MZR 1 steht dann die Adresse des ∗-Zeichens aus dem Eingabebereich. Aus dieser Adresse und der Anfangsadresse des Namens kann die Länge ermittelt werden.

Name	Operation	Operanden und Bemerkungen	
TAB	DC	XL256'0'	(1)
	ORG	TAB+'∗'	(2)
	DC	'∗'	(3)
	ORG		
	LA	9,EINB	
	TRT	EINB,TAB	
	BZ	FE1	(4)
	SR	1,9	(5)
	BZ	FE2	(6)
	BCTR	1,0	(7)
	STC	1,UEB+1	(8)
UEB	MVC	AUSB(0),EINB	(9)
FE1	TYPE	'KEINEN ∗ GEFUNDEN'	(10)
FE2	TYPE	'1. ZEICHEN IN EINB = ∗'	
EINB	DS	L48	
AUSB	DS	L48	

(1) Aufbau der Tabelle mit zunächst 256 Bytes X'00'.
(2) Adreßpegel zum Redefinieren zurücksetzen.
(3) Beliebiges Zeichen ungleich X'00' definieren. Meistens wird es sinnvoll sein, das Kennzeichen selbst als Funktionsbyte zu definieren, da es über das MZR 2 zur weiteren Verarbeitung bereitsteht.
(4) Im Eingabefeld wurde kein Stern gefunden, wenn zur Adresse FE1 verzweigt wird.
(5) Länge des Namens errechnen. Sie ergibt sich aus der Differenz der Adresse des ∗-Kennzeichens im Eingabebereich (MZR 1) und der ins MZR 9 geladenen Anfangsadresse EINB.
(6) Das 1. Zeichen im Eingabefeld war bereits ein Stern, d.h. die Namenslänge ist gleich 0.
(7) Für den nachfolgenden MVC-Befehl muß die Objektcodelänge erzeugt werden (wahre Länge −1).
(8) Die Objektcodelänge wird im Längenbyte des MVC-Befehls eingesetzt.
(9) Die Länge 0 besteht nur bis zum Programmstart, während der Verarbeitung wird sie durch die aktuelle ständig verändert.
(10) Es wird eine Fehlermeldung an den Bedienplatz ausgegeben. Der Type-Makroaufruf ist in 12.5 näher erläutert.

8.2.3. Verzweigen in eine Sprungtabelle

Die Satzart von Datensätzen in einem Eingabefeld soll geprüft werden (Satzarten 0 bis 9). In Abhängigkeit vom Prüfergebnis ist in eine von zehn Verarbeitungsroutinen zu verzweigen (vgl. auch 7.4.5.). Die kleinste Argumentbyte-Adresse, die durch die Satzart 0 (X'F0') gegeben ist, adressiert in einer Funktionsbyte-Tabelle den Platz TAB + X'F0' (TAB + 240), die größte Satzart 9 (X'F9') den Tabellenplatz TAB + 249. Es bietet sich also an, eine verkürzte, nur zehn Bytes umfassende Tabelle aufzubauen und die Werte so zu definieren, daß mit ihnen, nach Übernahme in das MZR 2, eine Indizierung der Sprungadresse möglich ist.

Name	Operation	Operanden und Bemerkungen
	TRT	SA,TAB-240

Nehmen wir die Satzart 5 an, dann wird X'F5' (245) binär zur Anfangsadresse der Tabelle addiert; das ergibt die Adresse TAB − 240 + 245 = TAB + 5. Damit wird das sechste Funktionsbyte, dessen Wert 24 ist, binär in das MZR 2 übernommen; im MZR 1 steht die Adresse SA.

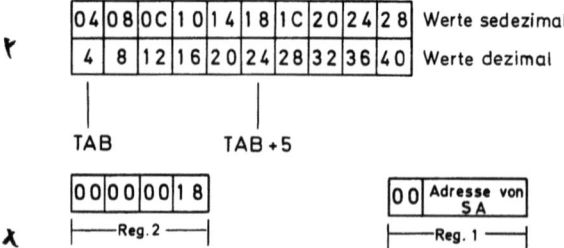

Die Befehlsfolge muß dann so codiert werden:

Name	Operation	Operanden und Bemerkungen	
	SR	2,2	
	TRT	SA,TAB-240	
	B	*(2)	(1)
	B	SA0	
	B	SA1	
	B	SA2	
	B	SA3	
	B	SA4	
	B	SA5	
	B	SA6	
	B	SA7	
	B	SA8	
	B	SA9	
			(3)
TAB	DC	X'040 80 C1 0 14 1 8 1 C 20 24 28'	
SA	DS	C	
DATEN	DS	....	
SA5	LA	....	(2)

(1) Der Befehl B |*(2) ist für die Satzart 5 so zu interpretieren: Verzweige zu einer Adresse, die sich aus dem aktuellen Adreßpegelstand und dem Inhalt des Indexregisters 2 (MZR 2) errechnet. Im MZR 2 steht aber nach Ausführung des TRT-Befehls der Wert 24. Es erfolgt eine Verzweigung zur Adresse *+24 und von hier aus in die Verarbeitungsroutine für Daten mit dem Kennzeichen SA=5.

(2) Beginn der Unterroutine für Daten der Satzart 5.

(3) Die Länge des Sprungbefehls ist in der Tabelle durch den jeweils um den Wert 4 größeren Funktionsbyteinhalt berücksichtigt.

9. Modifiziertes Ausführen von Befehlen – der EX-Befehl

Das Beispiel von 8.2.2 zeigt die Verarbeitung von variabel langen Feldern. Die Modifikation der Übertragungslänge wird dort durch den STC-Befehl bewirkt. Man erkennt jedoch leicht, daß der Befehl STC z.b. für die Modifikation der Längenangaben in einem AP-Befehl nicht mehr geeignet ist, da L1 und L2 in einem Halbbyte stehen und nur ganze Bytes adressiert werden können. Dieselbe Überlegung gilt auch für Befehle anderer Strukturen, z.B. für den Befehl AR |3,4. Wendet man den Befehl EX (Execute) an, der zu Befehlstyp RX gehört, umgeht man diese Schwierigkeiten.

Name	Operation	Operanden und Bemerkungen
	EX	3,UEB
AUSB	DS	L,1,3,2
UEB	MVC	AUSB(0),EINB
EINB	DS	L8,0

Er veranlaßt in obigem Beispiel, daß der an der Adresse UEB definierte Befehl im Rechenwerk modifiziert und dann erst ausgeführt wird. Die Modifikation bewirkt eine ODER-Verknüpfung des Inhalts von MZR 3 (Bits 24 bis 31) mit dem Inhalt des Längenbytes des MVC-Befehls.

```
Definierter Befehl:            D2 |00|  32 78 31 56
Registerinhalt:       00 00 00    |4F|
                                  ────
Auszuführender Befehl:         D2 |4F|  32 78 31 56
                                   └── Objektcode-Länge
```

Nach Ausführung des MVC-Befehls wird die Befehlsfolge nach dem EX-Befehl fortgesetzt. Der definierte Befehl ändert sich nicht; er muß aus formalen Gründen und wegen der ODER-Verknüpfung mit der Länge 0 oder 1 (beide Angaben ergeben die Objektcodelänge 0) definiert werden (vgl. auch Kap. 7).
Verwendet man den EX-Befehl für die Aufgabenstellung in 8.2.2, dann lautet die Befehlsfolge zum Übertragen von variabel langen Namen so:

Name	Operation	Operanden und Bemerkungen
	L	9,ADR
	TRT	EINB,TAB
	SR	1,9
	BCTR	1,0
	EX	1,UEB
ADR	DC	A(EINB)
EINB	DC	L4,8
AUSB	DS	L4,8
UEB	MVC	AUSB(0),EINB
TAB	DC	XL25,6'0'
	ORG	TAB+'*'
	DC	'*'
	ORG	

10. Fehlersuche im Programm mit Hilfe eines Hauptspeicherabzuges

10.1. Programmunterbrechungsursachen

Bei Ereignissen, die zu einer Programmunterbrechung führen, wird zwischen programm- und systembezogenen unterschieden. Zu den systembezogenen Unterbrechungen gehört die Koordinierung von Ein-/Ausgabeoperationen, die es erst gestattet, einen Mehrprogrammbetrieb ablaufen zu lassen. Zu den Programmunterbrechungsursachen, die im allgemeinen zur Programmbeendigung führen, gehören fehlerhafte Daten bei arithmetischen Operationen oder falsche Befehlsverschlüsselungen in Anwenderprogrammen. Mittels Dialogtesthilfen (Interactive Debugging) oder eines Hauptspeicherabzugs (Benutzer-Dump) kann der Fehler ermittelt werden, der zum Programmabbruch führte. Die interaktive Fehlersuche erlaubt dem Benutzer, sein Programm schrittweise während des Ablaufes am Bildschirm zu testen und ggf. sofort zu korrigieren.

10.1.1. Datenfehler

Auf Datenfehler wird erkannt, wenn
1. ungültige Verschlüsselungen von Ziffern oder Vorzeichen in Operanden von Dezimalbefehlen und den Befehlen CVB, ED oder EDMK auftreten oder
2. der Multiplikand im MP-Befehl nicht genügend Bytes mit führenden Nullen hat.

Programmunterbrechungsursachen werden verschlüsselt dargestellt. In den folgenden Listen für die Fehlersuche wird ein Datenfehler mit P096 bekanntgegeben.

10.1.2. Adressenfehler

Folgende Ursachen können zur Programmunterbrechung mit Adressenfehler führen:
1. Liegt bei einem Speicherzugriff die reale Adresse außerhalb des installierten Hauptspeichers, wird das Programm unterbrochen.
2. Speicherschutzfehler liegt vor, wenn bei der Eingabe in den Arbeitsspeicher versucht wurde, in einen Bereich zu schreiben, der dem aktuellen Programm nicht zugeordnet ist.

3. Ein Befehl EX ruft einen weiteren Befehl EX auf.
4. Bei Doppelwort-Operanden erscheint ein Register-Nr.-Fehler, also eine ungeradzahlige Registeradresse.
5. Ein Adressenfehler wegen falscher Ausrichtung tritt auf, wenn ein Befehl nicht an einer Halbwortgrenze oder ein Operand nicht an der geforderten Halbwort-, Wort- oder Doppelwortgrenze beginnt.
6. Unterbrechung wegen falscher Feldlänge tritt auf, wenn bei dezimalarithmetischen Operationen der Multiplikator oder Divisor länger als 15 Ziffern und 1 Vorzeichen ist oder bei dezimaler Division oder Multiplikation das Feld des ersten Operanden nicht länger als das Feld des zweiten Operanden angegeben wird.

10.1.3. Divisionsfehler

Auf diese Unterbrechung wird bei folgenden Ereignissen erkannt:
1. Wenn durch Null dividiert wird.
2. Wenn der Quotient die Registergröße überschreitet.
3. Wenn das Ergebnis bei einer CVB-Operation länger ist als ein Wort.
4. Wenn bei dezimaler Division der Quotient die festgelegte Datenfeldgröße überschreitet.

10.1.4. Dezimalüberlauf

Auf Dezimalüberlauf wird erkannt, wenn mehrere gültige (höherwertige) Ziffern durch ein zu kleines Ergebnisfeld verlorengehen, also z.B. beim AP-Befehl im Summenfeld.

10.1.5. Festpunktüberlauf

Der Fehler liegt vor, wenn bei arithmetischen Festpunktbefehlen ein Übertrag aus der höchstwertigen Bitstelle auftritt oder wenn bei arithmetischen Linksverschiebungen gültige Bits (ungleich dem Vorzeichenbit) verlorengehen.

10.1.6. Nicht dekodierbarer Operationsteil

Diese Unterbrechungsanforderung an das Betriebssystem tritt ein, wenn ein Operationsteil bearbeitet werden soll, der nicht zum Befehlsvorrat der Zentraleinheit gehört (z.B. beim fälschlichen Verzweigen in DS/DC-Bereiche).

Die angeführten Unterbrechungsursachen stellen nur einen Ausschnitt aller möglichen Unterbrechungsanforderungen an ein Betriebssystem dar. Genaue Auskunft gibt die Beschreibung der Zentraleinheit der jeweiligen Datenverarbeitungsanlage.

10.2. Listen für die Fehlersuche

Zur Fehlersuche soll das Programm mit dem Namen DATFE dienen. Sein Übersetzungsprotokoll und der Hauptspeicherabzug befinden sich auf den folgenden Seiten und können mit den nachstehenden Erläuterungen interpretiert werden. Das Programm lief unter der Steuerung eines Siemens Betriebssystems.

10.2.1. Das Übersetzungsprotokoll

Das Übersetzungsprotokoll (Textprotokoll) enthält in jeder Zeile eine Anweisung des Primärprogramms sowie den daraus generierten Objektcode. Dabei bedeuten die Spaltenüberschriften:
FLAGS: Formalfehler,
LOCTN: Location counter oder Adreßpegelstand,
OBJECT CODE: Anweisung in Maschinensprache,
ADDR1: relative (auf den Programmanfang bezogene) Adresse des ersten Operanden,
ADDR2: Adresse des zweiten Operanden,
STMNT: Anweisungsnummer, durchlaufende Numerierung,
SOURCE STATEMENT: Anweisung in Primärsprache.

Das vorliegende Programm wurde frei von Formalfehlern codiert, was der Text „FLAGS IN 000000 STATEMENTS" ausdrückt. Bei Formalfehlern, die durch die Übersetzung erkannt werden, wären in der FLAG-Spalte Indizes erschienen, die auf die Fehlerart hingewiesen hätten, z. B. „U" für eine undefinierte Adresse oder „D" für fehlerhafte Ausrichtung von Operanden.

10.2.2. Der Hauptspeicherabzug (Benutzer-Dump)

Die Struktur eines Hauptspeicherabzugs hängt vom Betriebssystem ab und paßt sich Kundenwünschen in den Folgeversionen immer wieder an. Bei der nachfolgenden Beschreibung kann es sich nur um eine exemplarische Darstellung handeln.

10.2.2.1. Tabellen des Speicherabzugs

Die erste Protokollseite des Dump gibt unter der Überschrift „PROGRAMM STATUS" Auskunft, auf welche Art und Weise das Programm beendet wurde (TYPE OF TERMINATION). Die Angabe „P096" bedeutet Datenfehler; „NORMAL" wird im Falle ordnungsgemäßer Programmbeendigung ausgegeben. Bei vorzeitigem Programmende durch einen Fehler gibt der „PROGRAM COUNTER" die relative und absolute Befehlszähleradresse an, wo das Programm abgebrochen wurde, d.h. welcher Befehl gerade nicht mehr ausgeführt werden konnte. „CONDITION CODE" nennt den aktuellen Stand des Anzeigeregisters. Der Inhalt der Mehrzweckregister 0 bis 15 kann unter den Abkürzungen „GRO" bis „GRF" festgestellt werden (GR bedeutet General Register). Die Angaben in den Abschnitten „PROCESS TABLE" (Programmtabelle) und E.S.A. (Executive Storage Area) dienen dem Betriebssystem zur Programmkoordinierung und -verwaltung.

10.2.2.2. Struktur des Speicherabzugs

In einer Zeile des Speicherabzugs (Benutzer-Dump) werden zweimal je 16 Bytes (das sind zweimal 32 Sedezimalziffern) dargestellt. Damit man sich leicht und schnell zurechtfindet, ist am Beginn jedes 16-byte großen Feldes die relative und absolute Adresse angegeben (Spalten 1 und 6). Da zwischen zwei Adressenangaben 16 Bytes stehen, springen die Adressen um den Wert sedezimal 10. Den absoluten Adressen kann entnommen werden, in welchem Hauptspeicherbereich das Programm abgelaufen ist. Das erste Byte des Speicherabzugs erscheint bei der Adresse sedezimal D8, wenn im Primärprogramm die Anweisung „START 216" gegeben wurde. Eine Standardfunktion des Dump gibt zusätzlich alle abdruckbaren Zeichen aus. Gleiche Feldinhalte, die sich über mehrere 16-byte große Felder wiederholen würden, werden nur einmal dargestellt. Der entsprechende Hinweis dafür ist das Zeichen * (Stern) am Zeilenanfang. Dadurch ergeben sich in den Adressenspalten Adressensprünge mit dem Wert n-mal sedezimal 10.

10.2.2.3. Vorgehen bei der Fehlersuche

Bei der Suche von einfachen Fehlern, die zur vorzeitigen Programmbeendigung führten, geht man am besten so vor (die Verbindung zwischen dem Textprotokoll und dem Hauptspeicherabzug ist durch Ziffern hergestellt):

1. Programmbeendigung feststellen.
Die Beendigung ist auf Grund eines Datenfehlers eingetreten, das die Verscnlüsselung P096 ausdrückt. Das Programm muß also bei einem Befehl unterbrochen worden sein, der die Anzeige Datenfehler auslösen kann.

2. Befehl suchen.
Im Befehlszähler (Program Counter) steht die Adresse des nächsten auszuführenden Befehls. Folglich müssen die Operanden des vorangegangenen Befehls untersucht werden. Der Befehlszählerstand zeigt auf die relative Adresse sedezimal B28. Im Übersetzungsprotokoll steht an dieser Adresse der Befehl B |LES. Der Befehl davor, der den Programmabbruch verursachte, lautet AP |SUMME,REFE.

3. Untersuchen der Operanden des AP-Befehls.
Der Inhalt des Summenfeldes befindet sich ab der Adresse SUMME in 3 Bytes. SUMME entspricht der relativen Speicheradresse sedezimal BA5; dieser Wert kann direkt aus der Spalte ADDR1 des Übersetzungsprotokolls entnommen werden. Zum Zeitpunkt der Programmunterbrechung war der Inhalt in diesem Feld: X'0022C'. Das ist aber eine fehlerfreie, gepackte Dezimalzahl, die den Fehler nicht verursacht haben kann. Es ist deshalb der andere Operand ab der Adresse REFE in der Länge von 2 Bytes zu untersuchen. Der Spalte ADDR2 wird die relative Adresse sedezimal BA3 entnommen. Im Hauptspeicher steht dort der Inhalt X'0004'. Wegen der ungültigen Vorzeichenstelle mußte auf Datenfehler erkannt werden.

4. Woher stammt der Inhalt von REFE(2)?
Der Befehl, der vor dem AP mit dem Feldinhalt von REFE operierte, heißt PACK |REFE,EIN. Der Inhalt von EIN(3) ist deshalb als nächstes zu überprüfen. Der Spalte ADDR2 entnimmt man die relative Adresse sedezimal B82 für EIN. Im Speicherabzug finden wir dort den Inhalt X'404040', also Zwischenraumzeichen. Der Programmbeendigungsgrund ist damit gefunden: Es wurde ein „leerer" Datensatz eingelesen. Beim Packen der ersten 3 Bytes im Eingabebereich ergab sich für REFE(2): X'0004'. Beim anschließenden Addieren wird das nicht gültige Vorzeichen (die Ziffer 4) erkannt.

Anmerkung zum Programm DATFE: Der Makroaufruf TERM ist kompatibel zu EOJ. Wenn ein Programm vorzeitig wegen eines Fehlers beendet wird, kann das Betriebssystem automatisch einen Dump erzeugen. Will man auch bei normaler Beendigung einen Speicherabzug erhalten, kann man im Programm den Makroaufruf TERMD anstelle von TERM vorsehen.

PROGRAMM-DATENFEHLER   19:13:28   03/11   PAGE 0004

FLAGS LOCTN OBJECT CODE   ADDR1 ADDR2 STMNT M SOURCE STATEMENT

```
       000D5                               00001         DATFE  START 216
                                           00002                TITLE 'PROGRAMM-DATENFEHLER'
                                           00003                PRINT NOGEN
       000D5                               00004         KARTE  FCB   FCBTYPE=SAM,                                    *
                                           00005                      DEVADDR=RDR,                                    *
                                           00006                      BLKSIZE=3,                                      *
                                           00007                      DEVICE=READFR,                                  *
                                           00008                      EXIT=(LR),                                      *
                                           00009                      IOAREA1=EIN,                                    *
                                           00010                      RECFORM=F
       00188                               00078         LISTF  FCB   FCBTYPE=SAM,                                    *
                                           00079                      DEVADD=LST,                                     *
                                           00080                      DEVICE=PRINTER,                                 *
                                           00081                      BLKSIZE=30,                                     *
                                           00082                      IOAREA=AUS,                                     *
                                           00083                      RECFORM=F
                                           00084         *
       00238                               00151         *
       00AE8 05 30                         00914         ANF    PALR  3,0
                                           00915                USING *,3
       00AEA                               00916                OPEN  KARTE
       00AEC                               00917                OPEN  LISTE
       00AE4                               00925         LES    GET   KARTE
       00B1C F2 12 30B9 30B8               00933                PACK  REFE,EIN
       00B22 FA 21 30B8 30B3               00934                AP    SUMME,REFE
       00B28 47 F0 301A                    00935                B     LES
                                           00936         *
       00B2C F3 42 30AD 30B8               00937         LR     UNPK  DSUMME,SUMME
       00B32 D3 00 30B1 30BE               00938                MVZ   DSUMME+4(1),=X'F0'
       00B38                               00939                CNTRL LISTE,SK,1
       00B58                               00947                PUT   LISTE
       00B68                               00955                CLOSE KARTE
       00B80                               00963                CLOSE LISTE
                                           00965                TERM
       00B82 404040404040404040            00966         EIN    DS    L3
       00B85                               00967         AUS    DC    L30' '
       00B85 E2E4D4D4C5C4C5C5              00968                DC    'SUMME DER ZAHLEN: '
       00B97                               00969                DC    L5
       00BA3                               00971         DSUMME DS    L2
                                           00972         *
       00BA3                               00973         REFE   DS    PL3'0'
       00BA5 0000C                         00974         SUMME  DC    PL3'0'
       00BA8 F0                            00975                END   ANF
```

DATEI SEQUENTIELL *
SYMB. GERAETEADRESSE *
BLOCKGROESSE *
GERAET *
U.-A. F. END OF FILE *
SATZEINGABEBEREICH
SATZE FESTER LG.
SEQU. ZUGRIFF *
SYMB. GERAET *
GERAET *
BLOCKLAENGE
SATZAUSGABEBEREICH
SAETZE FESTER LAENGE

(2) Literal vom Statement 938
Standard: 8 Bytes

(3)

(4)

77

PROGRAMM-DATENFEHLER   19:13:2R 03/11   PAGE 0005

FLAGS IN 000000 STATEMENTS, 000 PRIVILEGED FLAGS, 000 MNOTES

THE OBJECT PROGRAM DATFE   WAS ASSEMBLED ON   7.755 UNDER BS1000

SIZE OF WORKING STORAGE AREA USED ON DISC 001 CYLINDERS

TERMINAL DUMP   PC:C   PROGRAM: DATFE   DUMP TIME: 19:14:38   DATE: 03/11   PAGE 001
                                       └─ Program Counter (Priorität C)
PROGRAM STATUS   ②   ┌─ Adresse bei Programmabbruch (relativ/absolut)   ① Datenfehler
  PROGRAM COUNTER: 000B28/00DB28   CONDITION CODE: 2   RUN TIME: 00:00:00   TYPE OF TERMINATION: (P095)
  GR0:00000000   GR1:0000D0D8   GR2:00000000   GR3:5F00DAEA   GR4:00000000   GR5:00000000   GR6:00000000   GR7:00000000
  GR8:00000000   GR9:00000000   GRA:00000000   GRB:00000000   GRC:00000000   GRD:00000000   GRE:0000DB1C   GRF:0500D240

PROCESS TABLE
                        ┌─ Progr.-Name ─┐
              C D D A   T F E   ? L
           C3C4C4C1 E3C6C543 40403090 00003D58   000010/003D68   C0000000 00025FF 0000D000 6F00D3EC
000000/003D58   M 0   0 -- +   A
000020/003D7B D21C25D4 F0191438 F06FFF00 0C042F7D   000030/003D88   C1000000 00000001

E.S.A.
                              A   Q   5F00DAEA 00000000
000000/00D000   30000000 00C14006 EF00DB28 00000000   000010/00D010   0000D0D8 00000000 2000DB1C 0000D240 00000000
000020/00DB20 * 30000000 00000000 00000000 00000000   000040/00D040   00000000 2000DB1C 0000D240 00000000
000050/000050 * 30000000 00000000 00000000 00000000   0000B0/00D0B0   00000000 00000000 60EC8000 00C0001
                  &   - X
0000C0/0000C0   1A500000 00000000 00000000 00000000   0000D0/00D0D0   0000FFD0 00025FE7

```
TERMINAL DUMP          PC:C         PROGRAM: DATFE              DUMP TIME: 19:14:38              DATE: 03/11              PAGE 002

                                                                                                         J                                                                             B
000D0/000D8    00000000 00000000 00000000 00001801 03000DF8    000E0/000DEF   00000648 8000D100 00000000 00000000 00000000 00000000
000F0/000FF    00000000 00000000 00000000 0500D882 00000003    00100/000100   00000000 00000000 00000000 0600C340 000E283
                                                  K A R T            S                                                                       C           E
00110/000110   00000000 00000000 00000000 00000D882 D2C1D9E3 C5404000 00120/000120   00000000 B100000 00000000 0N0003C 00000000
00130/00013    300000B0 0000D82C 000D882 000003  00140/00140  000003 F000D882 000D885 000A2000
                  0 S              0 >          0 >                                              0 5       0 >         0 6 H         0 7
00150/00150    47F0F570 452F060E 452F006E 452F006E              00160/00160     47F0F588 452F006E 47F0F006 47F0F730
00170/00170    00000000 80000000 00000000 00000000 00F0F0F0     00180/00180     00000000 00000000 00001802 00000D1A8
                                                                                                                       K
00190/00190    00000000 00000000 00000001E 0300C700 000E283     001A0/001A0     00000000 00000000 0700D232 40022001
                                               G                    S                                                L I S T   E
001B0/001B0    0300D885 00000001E 0300C700 000E283              001C0/001C0     00000000 0300D885 D3C0F2E3 C5404000
001D0/001D0    00044000 00000000 00000000 0000004C 00000000     001E0/001E0     00000000 00000000 000D885 0000091E
                       300000E 00000D885 0000DA3 00000000                                          0 >        0 5            0 >
001F0/001F0    300001E 0000D885 00000DA3 00000000               00200/00200     00000000 000D885 0000D885 0000D885
                 0 >                  0 6 H      0 5                                              0 >         0 5            0 >
00210/00210    452F006E 452F006E 47F0F6C8 47F0F5B8              00220/00220     00000000 47F0F570 452F006E 452F006E
00230/00230    30000000 00000000 4100  0.0.                     00240/00240     00000000 000D0D8 00000000 5F00DAEA
                                       F4F1F0FF FFFFFFFF                                    Q                                K
00250/00250    30000000 00000000 0000000 0000000               00270/00270     00000000 00000000 000D885 000D240
                  0 6 6           0 2    0 2                                              0 3       0 22       0 2
00280/00280    47F0F0F4 47F0F0FC 47F0F2DE 47F0F2BA              00290/00290     452F006E 47F0F3DA 47F0F2F2 47F0F2FE
                  0 >    0 0 0   S Y + 0 X U                                              A                                  B
002A0/002A0    452F006E 47F0F088 E2E85CD6 E7E44100              002B0/002B0     00C15833 00845843 00189680 48C2RAA2
                                                                                                                          V   <
002C0/002C0    3A050000 00000000 900FF000 91161037              002D0/002D0     471F090C 412F088 47F0F006E 911014C
                 1 ^         0 5           K     1 2                                1 X   0 1                                M
002E0/002E0    4710F016A 58D0F0F0 D201F1B1 F2B84SE0             002F0/002F0     F16C47F0 F1624111 00081801 550F038
                                           R                                                                                   0 U
00300/00300    47800F162 95D091000 477F0F60E 58210000           00310/00310     890000002 422F0DB 58100000 47F0F0E4
                                                                                                  S                   C           C
00320/00320    58110000 9001F000 077F0000 00000000              00330/00330     000006240 92D06F1B1 47F0F100 92C3F1B1
                                                                                                  1 1                                    3 1
00340/00340    900FF000 4570F006 580DF0F0 95081030              00350/00350     477F015A 910C1052 4780F15A 92F3F182
                  1 X             0 7       0 8                                              C                                 B
00360/00360    45E0F16C 58D0F000 58D0F0F0 4A00F896              00370/00370     1816176 F100877F0 F0BC09507 10354780
                 1 E            1 B    X E 1                                            1 2 2     1                                                1 4 1
00380/00380    F14A9108 10744710 F1529F1 F18247F0               00390/00390     F1209F2 F18247F0 F12092F6 F18247F8
                                     X     K 1                                                                               1 K
003A0/003A0    F129908F F000092E7 F06C07FE D200F1AC             003B0/003B0     100039200 10004920 F1B5D2000 F1F4F1B1
                                   C1         E 1                                                         2 1                                      3 1
003C0/003C0    4146F072 95C5F1B1 47700F1AA 95F1F1B2             003D0/003D0     4780F1A0 95F2F1B2 4770F1AA 92F3F182
                 C1                                                                        Z 0 6                      -
003E0/003E0    92C3F1B1 0700070 070000A25 02000D364             003F0/003F0     E0D6F600 D3FF4000 4000000 40400000
00400/00400    43000000 40400000 40400000 40400000              00410/00410     40400000 40400000 40400000 03001B82
                                                                                            0
00420/00420    3000D1A8 900D364 00000000 00000000              00430/00430     D600000 00000000 00000000 00000000
00440/00440    30000000 00000000 00000000 00000000              0004E0/004E0    00000000 00000000 0004040 00000000
```

```
TERMINAL DUMP          PC::C        PROGRAM: DATFE              DUMP TIME: 19:14:38              DATE: 03/11              PAGE #03

0004F0/0004F0    30000000 00000000 C2F1900F F0005BD0   0005000/0005D0    F0F09180 10374780 F4AC9180 10184780
0005100/0005D0   F2DA9204 F064A520 F005BD00 007C900F   0005200/0005D0    F0005BD0 F0F09180 10374780 F4AC4401
0005300/0005D0   00789000 F0005BD0 F0F047F0 F72C900F   0005400/0005D0    F0005BD0 F0F047F0 F7549000 F0005BD0
0005500/0005D0   F8F050E0 F0385861 00644100 F0EC4050   0005600/0005D0    F8961755 5831006C 91401074 4780F342
0005700/0005D0   5821080 1222478 F33E5062 00000850    0005800/0005D0    F8965A51 0001035 4780F70E 91C01075
0005900/0005D0   4740F570 5010F364 0700918 100C4710    0005A0/0005A0    F3680A05 00000D08 91241000C 4750F428
0005B00/0005B0   91401032 4710F3D2 4780F76C 92001000   0005C0/0005C0    91401004 4780F394 91241000C 4750F394
0005D00/0005D0   47F6F3F8 91011032 4780F3FC 4500F542   0005E0/0005E0    9101104C 4780F3C2 5881005C D501B000
0005F00/0005F0   F8664771 00944780 F74A4500 F5427F1    0006000/0006000  0094910 1074471 F3D69710 1074471
0006100/0006100  F48647F1 00945861 003C1066 D201F2A4   0006200/0006200  4000D201 F2AA4000 596F2A8 4780F3D2
0006300/0006300  59613064 4780F3D2 47F6F428 96011032   0006400/0006400  458F628 47F6F354 5851006 5871064
0006500/0006500  1867478 F3D2472 F3F81A65 47F6F412     0006600/0006600  410000C5 47F6F072 95031030 4770FAFA
0006700/0006700  91401024 4780F64A 4191028 5090F560    0006800/0006800  D5021000 F5614780 F489C1 10AA4710
0006900/0006900  F46491C1 10AB4780 F476D601 105C1008   0006A0/0006A0    47F6F3D2 91C110AB 4710F3D2 0601005
0006B00/0006B0   10094780 F3D2D6A 10501008 47F6F3D2    0006C0/0006C0    D6011005C F6189180 1008471
0006D00/0006D0   F420910C 1032478 F3709108 1008478     0006E0/0006E0    F370900D F000581 005C0F7E D2006F4D2
0006F00/0006F0   10046AA7 00D0D7C 0A22D203 F084F4CC    0007000/0007000  92F1F4CF 9204F06A 4520F072 F5F0F6F1
0007100/0007100  406E7E7 E7E7E7E7 E700000 0000FFFF     0007200/0007200  FFFF0000 00000000 00000000 00000002
0007300/0007300  00000000 0000956 10304780           0007400/0007400    F3709505 10304770 F5BE4520 F4209507
0007500/0007500  10304780 F48A9120 1008470 F3F89190    0007600/0007600   1084750 F4290910 1004471 F5320020
0007700/0007700  F4209180 1074471 F3704500 F5247F0     0007800/0007800   F3F5B5B1 003C5861 00641266 4740F564
0007900/0007900  -/-- -- -4-- -8--9 00700F9              0007A0/0007A0   00000000 4A610000 5660F4E8 4F0F555
0007B00/0007B0   4B618000 566F4DC 1A465641 00700F9     0007C0/0007C0    4780F59A D2021021 10610203 1001003C
0007D00/0007D0   D2021030 1021470 F5ACD202 10291061    0007E0/0007E0    D2031060 105CD202 105D1029 450F620
0007F00/0007F0   91041032 4710F5C2 FA301050 FB7E4401   0008000/0008000  00000834 10601A34 50310070 47F6F588
0008100/0008100  910C1032 4740F5DA 07F89150 10744710   0008200/0008200  F5EC9120 1060430 F6040F7B D2011026
0008300/0008300  10485891 0006D201 90001060 D2019002   0008400/0008400  F87C0F7B 58410060 58510006 18546651
0008500/0008500  302507F8 458F5D0 458F620 47F6F354     0008600/0008600  95031030 4780F7EC 5010F634 96601033
```

```
TERMINAL DUMP        P::C         PROGRAM: DATFE          DUMP TIME: 19:14:38         DATE: 03/11         PAGE 004

000670/00D870   2700A00  000D0D8  07FBDC00  6000500                  00000000  00000000  00000000  58310098
                K        X  Q     6    !                             8    &              6  H        6
000890/00D09E   D2033000  106C47F0  F6865841  0085430                 00000000  00000700  6C089834  106C1934
                         3 <       6         <  !                              7         6
0008B0/00D0B0   47A0F34C  44010080  19346700  F3AC47F1                00809104  10324710  F6AC9140  10744710
                5    *    &    !   6    6                                      &  /  X       1         K
0008D0/00D0B0   F69CD203  106C1060  47F0F674  5851006C                41650004  50610006C  47F1008  D2031048
                8        Q        6     6            X                                     0
0008F0/00D0DF0  F07047F0  06A9823   10681A52  50310060                910C1032  4740F6CE  9806F00  07FE91E8
                                                      5                                               3 <
000910/00D091   10744780  F3540120  10744780  F5789140                10744710  F5C85841  00701843  47C0F34C
                    0  H          7       -                           K                              X
000930/00D0936  47F0F6CR  91401074  4780F722  58310060                D2031048  FB784123  00045021  00665841
                                    6                                          8         7         &   J
000950/00D0956  D9981244  4780F6CB  D2033008  106C47F0                F0C8D203  106C1060  47F0F70E  5080F038
                         X                                            N                              8
000970/00D0972  D2031056  10798906  F00007FE  5881003C                D501000   F8664771  00898988  F005BF1
                                    K  6                              8                   0  7  X
000990/00D0996  D05C07FF  D2033648  1094D203  10984708                92085379  4706F354  4706F6C  D2031094
                         0                    7                       4                              7   A
0009B0/00D0980  F6689200  F3794201  00AA953  10304780                  F7864770  F4209581  10AA4780  F969SCI
                5                                                     6                              7  U
0009D0/00D0900  10AA4770  F79E9200  105C9208  1008910                  10AA4780  FF49180  10AA4780  FE494BF
                         7         +                                             7  H               7  M
0009F0/00D09F0  10245810  F7B80A08  00000000  918010A                  47B0F7CB  92001008  918010A8  4780F704
                         &                   i                                   0  6  H   0  5  H
000A10/00D0A10  92081109  92801000  96401024  94FE105E                 47F0F6CR  96811054  47F0F6C8  50413043C
                         /                              8                       8  :                   8
000A30/00D0A30  48510028  91081074  4710F82E  91011055                 47F0F85E  94FE105E  91401074  47104F814
                         0  6                                         6                   6
000A50/00D0A50  47F0F628  41540008  486F88E  40610926                  50S0F640  D2621029  F64147F0  F6289140
                0  6                                                  0   8
000A70/00D0A70  10744780  F8480208  10AA408  4154009                   4060F898  47F0F81C  D2001AA  40006154
                         8                             8                       0                   C  3  C  4      /  /  /
000A90/00D09  00018861  F06A4B06  F886A7F0  FB1C9201                  10AA47F0  FB6B15C  C3F3C3F4  S1615140
                C  H  K  P    T    /  /    /       8
000AB0/00D0AB0  C3C8D207  E3406161  00040000  40401000                 00000000  00000000  00000005  00000000
000AD0/00D0AD0  00000100  00020004  0009003A  0030022                  00960000  0530700  00000000  98EF500A
                                                                               J
000AF0/00D0AF0  451F0040  00D0B84  00080240  0000008                    00000188  98E13022  47FF0048  020D01C
                        K                            Q                           *                    3
000B10/00D0B1    00000240  00000000  0000D000  F2123089                 3498FA21  3808B89  47F0301A  F34230AD
                L                              *  Q  2                           &                    A  J
000B30/00D0B30  3088D350  3081300E  98E13056  47F0F855                  0000D050  00000240  000000C1  0000D188
                        >  0                          K
000B50/00D0B50  98E13066  47FF006C  000D058  000D240                    00000000  00000188  98EF308  4S1F044
                                                     0                          S  U  M    M  E  D    E  R  2
000B70/00D0B70  0000D88  0000D240  0000D188                             000464   40 E2E4D4  D4C54DC4  C5D94E9
                                   A  H  L  E    N:                             &  S  U  M  M  E  D    /  /  /
000B90/00D0B9   C1CBD3C5  D57A4640  40404040  40401040                  40404000  0400222C  F0000000  00000000
000BB0/00D0BB   *  00000000                                             94FE5A88  98FE000  0700A02  C4C1ESC6
                E                                                               &                    D  A  T  F
018FE0/025FE0   C5404040  C000000  0000000                              90000000  00000000  00000000  00000000
```

DIALOGUE EDIT — Bedienplatzprotokoll

03/11	19:14:54		
19:12:03	OUT-->	C/MONITR/START	
19:12:07	OUT-->	C/MONITR/	
		// JOB KR 78 DATFE	
19:12:07	OUT-->	LOD/ASSEMB	PC:C 19:12:07 V:404 — Assemblieren
19:13:49	OUT-->	LOD/MODCAT	PC:C 19:13:49 V:408 — In die Bibliothek eintragen
19:14:07	OUT-->	LOD/OSLINK	PC:C 19:14:07 V:415 — Programm binden
19:14:35	OUT-->	LOD/DATFE	PC:C 19:14:35 V:003 — Programm DATFE laden
19:14:38	OUT-->	EOJ/DATFE	PC:C 19:14:38 (P096) — Programmbeendigung
19:14:50	OUT-->	DUM/C,L1-END	— Speicherabzug
19:14:52	OUT-->	C/MONITR/0399	
19:14:52	OUT-->	C/MONITR/	
		// MEND	

11. Codier-Praktikum

Es werden zwei Aufgaben gestellt, die nach dem Durcharbeiten des gesamten Lernprogramms gelöst werden können. Die Musterlösungen sollen zum Vergleichen erst dann herangezogen werden, wenn eigene Lösungen vorliegen. Folgen Sie dabei auch – soweit bekannt – den Regeln für die Erstellung gut strukturierter Programme.

Die erste Aufgabe, die das Errechnen und Auflisten von Vertreterprovisionen zum Inhalt hat, soll vor allem die Anwendung des komfortablen SRP-Befehls bei dezimalarithmetischen Operationen und des Vorschubsteuerzeichens zeigen. Auf den Einsatz der Verknüpfungsbefehle, des Befehls „Umsetzen mit Testen" (TRT) und des EX-Befehls (Befehle modifiziert ausführen) kommt es bei der zweiten Aufgabe besonders an. Bei der Verarbeitung variabel langer Felder in unterschiedlichen Routinen zeigt die Lösung außerdem, wie Programmweichen codiert werden können.

11.1. Auflisten von Vertreterprovisionen

1. Aufgabenbeschreibung
Es liegen Datensätze nach Vertreternummern aufsteigend sortiert vor. Die Sätze enthalten kundenbezogene Rechnungs-Nettobeträge und Provisionssätze. Für einen Vertreter können mehrere Sätze vorliegen. Es sollen die Provisionsbeträge (gerundet, 2 Stellen hinter dem Komma) errechnet und einzeln aufgelistet werden. Für alle Vertreter zusammen ist die Gesamtprovision zu ermitteln und auszugeben, dazu die Anzahl der verarbeiteten Rechnungen und der durchschnittliche Provisionsbetrag aller Rechnungen (gerundet, 2 Stellen hinter dem Komma). Das Programm soll nur Datensätze verarbeiten, die mit der Datenart V gekennzeichnet sind. Andere Datensätze sind am Bedienplatz auszugeben. Die Rechenwerte werden als numerisch (geprüft) angenommen. Die Liste erstreckt sich über mehrere Seiten; die Seiten sind zu numerieren. Der Seitenwechsel ist über einen Zeilenzähler zu steuern. Der Papiervorschub soll durch ein Vorschubsteuerzeichen (RECFORM = (F,M)) erfolgen. Mit dem SRP-Befehl werden die Provisionsbeträge gerundet.

2. Eingabedaten
Aufbau der Datenfelder des Satzes

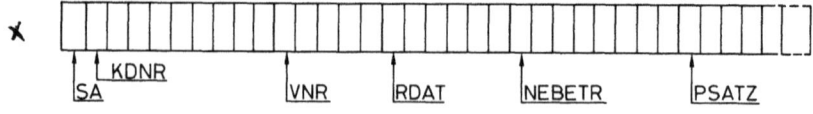

Bedeutung der Feldnamen:
SA   : Satzart (C'V' erwartet).
KDNR   : Kundennummer (neunstellig).
VNR   : Vertreternummer (fünfstellig).
RDAT   : Rechnungsdatum (sechsstellig, TTMMJJ).
NEBETR : Nettobetrag (achtstellig, DM/Pf.).
PSATZ : Provisionssatz (vierstellig, bspw. 20,55%).

3. Datenausgabe
Zeilenabstände, Überschriften und Provisionszeilen der Listen sind gemäß dem folgenden Formularentwurfsblatt vorzusehen. Eine Listenseite enthält maximal 20 Provisionszeilen. Gesamtprovision, Anzahl der Rechnungen und die durchschnittliche Provision können auf der letzten Seite mit den Provisionszeilen oder für sich ausgegeben werden.

KUNDENNUMMER	VERTRETERNUMMER	RECHNUNGSDATUM	NETTOBETRAG	PROV.-SATZ	PROVISIONSBETRAG
1234567890	555	31.10.76	55.539,00	5,55%	3.085,41
2345678901	556	16.11.76	9.900,00	20,55%	2.034,45
.	.	.	.	.	.
.	.	.	.	.	.
.	.	.	.	.	.
.	.	.	.	.	.
.	.	.	.	.	.
.	.	.	.	.	.
.	.	.	.	.	.
.	.	.	.	.	.
.	.	.	.	.	.
.	.	.	.	.	.
xxxxxxxxxx	xxxx	xx.xx.xx	xxx.xxx,xx	xx,xx%	xxx.xxx,xx

GESAMTPROVISION xxx.xxx,xx
ES WURDEN xxx RECHNUNGEN VERARBEITET
DURCHSCHN. PROV. JE RECHNUNG xxx.xxx,xx

SEITE xxx

VERTRETERPROVISIONEN

4. Ablaufplan zum Programm „Auflisten von Vertreterprovisionen"

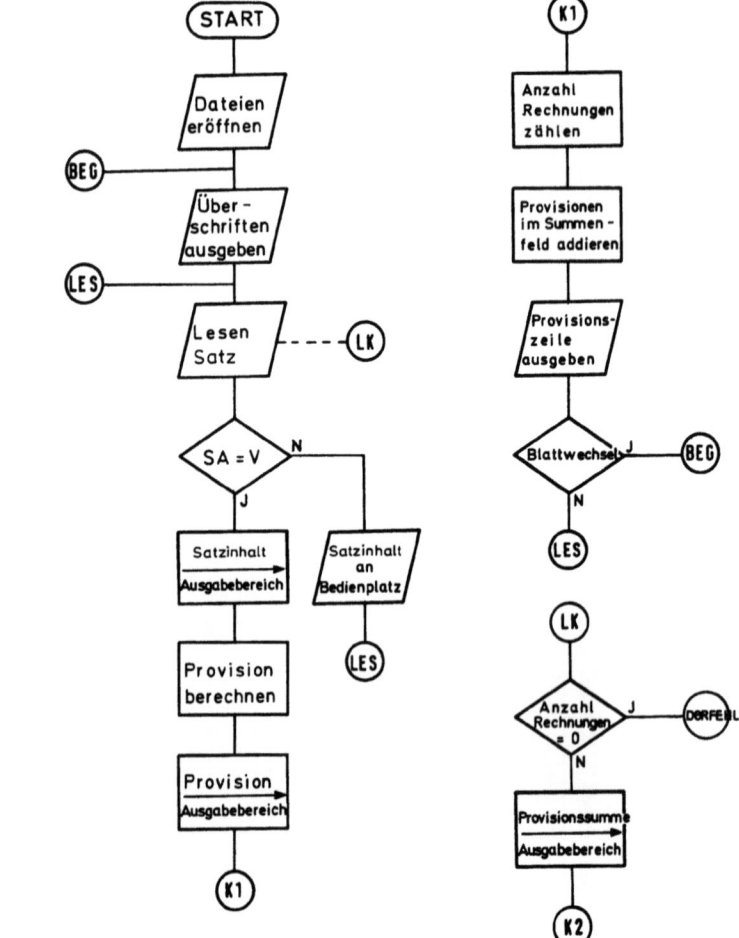

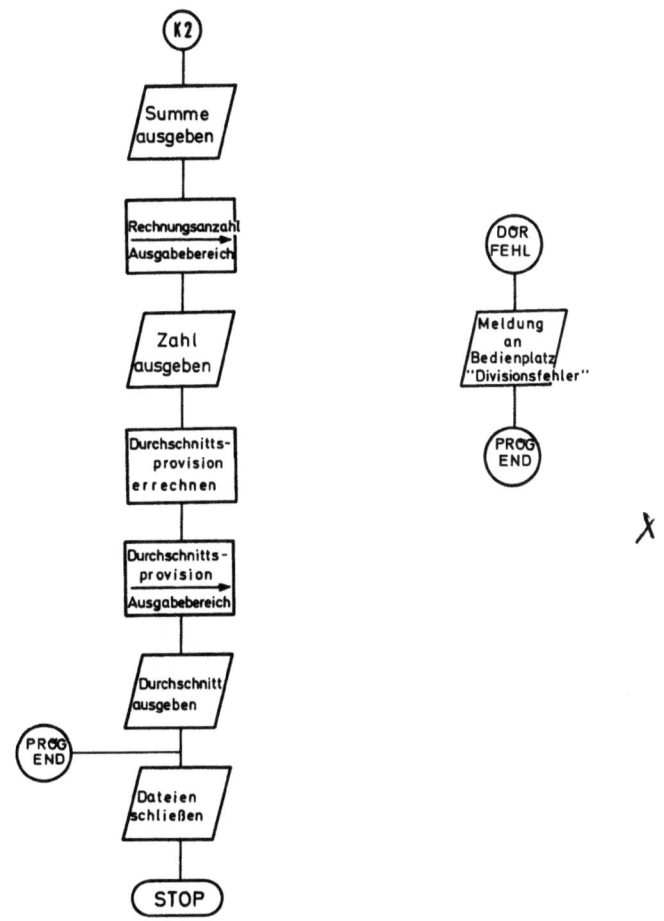

5. Musterlösung

Es folgen das Übersetzungsprotokoll, der Hauptspeicherabzug und der Bedienungsplatzdialog zum Programm „Auflisten von Vertreterprovisionen" (Programmname PROV). In den Protokollen entspricht der Name KA (früher Kartenart) der allgemeinen Bezeichnung (symbolische Adresse) SA.

```
VERTRETERPROVISION                                                          19:08:43  03/11   PAGE 0004

FLAGS  LOCTN  OBJECT CODE      ADDR1 ADDR2  STMNT M  SOURCE STATEMENT

                                              00001      PROV  START 216
                                              00002            TITLE 'VERTRETERPROVISION'
                                              00003            PRINT NOGEN
000D8                                         00064      KARTE FCB   FCBTYPE=SAM,                            SEQU. DATEIZUGRIFF
                                              00065                  IOAREA1=EIN,                            EINGABE-SATZBEREICH
000D5                                         00066                  DEVICE=READER,                          GERAETETYP
                                              00067                  DEVADDR=RDR,                            SYMB. ADRESSE GERAET
                                              00068                  EXIT=(LK),                              ADR. Z.-BSP.- BEI END OF FILE
                                              00069                  BLKSIZE=33,                             BLOCKLAENGE (PUFFER)
                                              00070                  RECFORM=F                               SAETZE FESTER LAENGE
                                              00078      *
                                              00079      *
00188                                         00080      DRUCK FCB   FCBTYPE=SAM,                            DATEIFORM
                                              00081                  IOAREA1=STB,                            SATZBEREICHSADRESSE
                                              00082                  DEVICE=PRINTER,                         GERAET
                                              00083                  DEVADDR=LST,                            SYMB.-GERAET
                                              00084                  RLKSIZE=133,                            132 DRUCKSTELLEN + 1 STEUERBYTE
00238                                         00151                  RECFORM=(F,M)                           SATZ MIT STEUERBYTE
                                              00869      *
                                              00870      ANF   BALR  3,0
00A40 05 30                                   00871            USING *,3
                                              00872            OPEN  DRUCK
00A42                                         00873            OPEN  KARTE
00A44                                         00881      BEG   AP    SEIZA,=P'1'                             SEITENZAEHLER+1
00A5C FA 10 341A 3456    00E5C 00E98          00882            MVI   AUSB,X'40'
00A62 92 40 32A2         00CE4               00883             MVC   AUSB+1(131),AUSB                        AUSB LOESCHEN
00A66 D2 82 32A3 32A2    00CE5 00CE4          00884            MVI   STB,X'81'                               BLATTWECHSEL
00A6C 92 81 32A1         00CE3                00885            PUT   DRUCK                                   LEERZEILE DRUCKEN
00A70                                         00893            MVC   AUSB+51(L'UEB1),UEB1
00A88 D2 13 32D5 3326    00D17 00D68          00894            MVC   AUSB+113(5),='SEITE'                    VORZEICHEN EINSETZEN
00A8E D2 04 3313 3457    00D55 00E99          00895            UNPK  AUSB+119(3),SEIZA                       3 ZEILEN NACH DRUCKEN
00A94 F5 21 3319 345A    00D5B 00E5C          00896            MVI   AUSB+121(1),AUSB+119
00A9A D5 00 331B 3319    00D5D 00D5B          00897            MVI   STB,X'03'
00AA0 92 03 32A1         00CE3                00898            PUT   DRUCK
00AA4                                         00906      *
00ABC 92 40 32A2         00CE4                00907            MVI   AUSB,' '                                LOE=L'AUSB-1 (EQU )
00AC0 D2 82 32A3 32AB    00CE5 00CED          00908            MVC   AUSB+1(LOE),AUSB                        UEBERSCHRIFT2-->AUSB
00AC6 D2 6C 32A4 353A    00CE6 00D7C          00909            MVC   AUSB+P(L'UEB2),UEB2                     2 ZEILEN NACH DRUCKEN
00ACC 92 02 32A1         00CE3                00910            MVI   STB,X'02'
00AD0                                         00911            PUT   DRUCK
                                              00919      *
00AE3 F8 10 341C 345C    00E5C 00E9E          00921      LES   ZAP   ZEIZA,=P'0'                             ZEILENZAEHLER =0 SETZEN
00AEE 92 40 32A2         00CE4                00922            MVI   AUSB,' '
00AF2 D2 82 32A3 32FC    00CE5 00CE4          00923            MVC   AUSB+1(131),AUSB
00AF8 92 68 32FC         00D3E                00924            MVC   PR2SAA+2,' '                            FUER PROV.-SATZ NACH AUSB
00AFC 92 6C 32FF         00D41                00925            MVI   PROSAA+5,'Z'                            X NACH AUSB
                                              00926      *
00B00                                         00934            GET   KARTE
00B18 95 E5 3280         00CC2                00935            CLI   KA,'V'                                  RICHTIGE KA?
00B1C 47 80 3116         00B58                00936            BE    WEITER
                                              00937      *
00B20                                         00951            TYPE  EINB                                    <KARTE>-->BEDIENPLATZ
```

```
VERTRETERPROVISION                                                    19:08:43   03/11    PAGE 0005

FLAGS  LOCTN OBJECT CODE        ADDR1 ADDR2 STMNT M  SOURCE STATEMENT

       00026                                  00941         COMTY  LES                   WARTEN BIS TYPE BEENDET
       00B28  47 F0 30BE              00B80   00943         B                                                                        00520
       00B2C                                  00944                                                                                  00530
       00B52                                  00951         COMTY                                                                    00540
       00B54  47 F0 3266              00CA8   00953         B      'DIVISIONSFEHLER-PROGRAMMENDE'                                    00560
                                      00954                                                                                         00570
                                      00955  DORFEHL EQU    *                                                                       00580
       00B58  D2 08 32AD 3281   03CEF 00CC3   00956  WEITER MVC    KUNUMA,KUNUME          KDN. NR.-->AUSB                            00590
       00B5E  D2 04 32C1 328A   00D83 00CCC   00957         MVC    VFRNUMA,VERNUME        VERTRETER-NR. --> AUSB                     00600
       00B64  F2 55 328F 328F   00DC1 00CD1   00958         PACK   REDATE,REDATE          RECHNUNGSDATUM PACKEN                      00610
                                      00959                                                                                         00620
       00B6A  D2 09 32D8 341E   00D12 00CE0   00960         MVC    REDATA-2(L'MASK),MASK  MASKE RECH.-DAT.-->AUSB                    00630
       00B70  3E 09 32D8 3291   00D12 00CD3   00961         ED     REDATA-2(L'MASK),REDATE+2 DATUM AUFBEREITFN                       00640
                                      00962                                                                                         00650
       00B76  F2 77 3295 3295   03CD7 00CD7   00962         PACK   NEBETE,NEBETE          NETTOBETRAG PACKEN                         00660
       00B7C  D2 08 32E3 3428   00D25 00CDA   00963         MVC    NEBETA-2(12),MASKN     MASKE NETTOBETRAG-->AUSB                   00670
       00B82  DE 08 32F8 329D   00D3A 00CDF   00964         ED     NEBETA-2(12),NEBETE+3  NETTOBETRAG AUFBEREITEN                    00680
       00B88  D2 01 32FA 329F   00D3C 00CDF   00965         MVC    PROSAA(2),PROSAE       PRO - SATZ NACH AUSB                       00690
       00B8E  D2 01 32F8 329F   00D3F 00CDF   00966         MVC    PROSAA+3(2),PROSAE+2                                              00700
       00B94  F2 33 329D 329D   00CDF 00CDF   00967         PACK   PROSAE,PROSAE          PROV. SATZ PACKEN                          00710
       00B9A  FC 72 3295 329E   03CD7 00CE0   00968         MP     NEBETE,PROSAE+1(3)     PROV. BETRAG RECHNEN                       00720
                                      00969                                                                                         00730
       00BA0  41 C0 0004                      00969         LA     12,4                                                              00740
       00BA4  13 CC                   00969   00970         LCR    12,12                  KOMPLEMENT FUER RECHTSVERSCH.              00750
       00BA6  F0 75 3295 C000   00CD7 C000    00971         SRP    NEBETE,0(12),5         4 ST. N. RECHTS, RUNDEN                    00760
       00BAC  D2 08 3389 3428   00D48 00CDA   00972         MVC    PROBETA-2(L'MASKN),MASKN MASKE PROV.-BETRAG-->AUSB                 00770
       00B82  DE 54 3389 3298   00D48 00CDA   00973         ED     PROBETA-2(L'MASKN),NEBETE+3 PROV.-BETRAG AUFBEREITEN              00780
       00B88  FA 54 3412 3298   03D4B 00CDA   00974         AP     SUMME,NEBETE+3(5)                                                 00790
                                      00975                                                                                         00800
       00BBE  92 82 301A             00BBE   00976         MVI    STB,X'82'              2 ZEILEN NACH DRUCKEN                      00810
       00BC4                                  00977         PUT    DRUCK                                                             00820
                                      00978         *                                                                                00830
                                      00984                                                                                         00840
       00BDC  FA 10 3418 3456   00E5A 00E98   00985         AP     ANZRE,=P'1'                                                       00850
       00BE2  FA 10 3410 3456   00E5E 00E98   00986         AP     ZEIZA,=P'1'                                                       00860
       00BE8  F9 11 3410 345D   00E5E 00E9F   00987         CP     ZEIZA,=P'20'                                                      00870
       00BEE  47 70 30BE             00B5A   00988         BNE    LES                                                                00880
       00BF2  47 F0 301A             00BBE   00989         B      BEG                                                                00890
                                      00990                                                                                         00900
                                      00991  *                                                                                       00910
                                      00991  LK                                                                                      00920
       00BF6  F8 11 3418 3418   00E5A 00E5A   00992         ZAP    ANZRE,ANZRE            ANZAHL RECHNUNGEN=0 PRUEFEN                00930
       00BFC  47 80 30EA             00BEC   00993         BZ     DORFEHL                 DIVISORFEHLER                              00940
       00C00  92 40 32A1             00CE3   00994         MVI    STB,X'40'               LOESCH-INFO,AUSB-1 = STB                   00950
       00C04  D2 83 32A2 32A1   00CE4 00CE3   00995         MVC    AUSB(132),AUSB-1                                                  00960
                                      00996                                                                                         00970
                                      00997  *                                                                                       00980
       00C0A  D2 0E 32E7 33A7   00D29 00DE9   00998         MVC    AUSB+69(L'GE),GE        TEXT GES. PROVISION-->AUSB                00990
       00C10  D2 11 3306 3434   00D48 00E76   00999         MVC    AUSB+100(L'MASKGE),MASKGE MASKE F. GES. PROV. ---> AUSB           01000
       00C16  92 41 32A1             00CE3   01000         MVI    STB,X'41'              GES. PROV. AUFBEREITEN                     01010
       00C1A                                  01001         ED     AUSB+100(L'MASKGE),SUMME 1 ZEILE VOR DRUCKEN                      01010
       00C20                                  01008         PUT    DRUCK                                                             01020
                                      01009  *                                                                                       01000
       00C38  D2 2D 32E7 33B6   00E29 00DF8   01010         MVC    AUSB+69(L'ES),ES        TEXT --> AUSB                             01000
       00C3E  D2 03 32F8 345F   00D32 00EA1   01011         MVC    AUSB+78(4),=X'40202020' MASKE F. ANZAHL RECHNUNGEN               01010
       00C44  DE 03 32F8 3418   00D32 00E5A   01012         ED     AUSB+78(4),ANZRE        RECHNUNGSANZAHL AUFBEREITEN               01020
       00C4C                                  01021         PUT    DRUCK                                                             01030
```

```
VERTRETERPROVISION                                                    19:08:43   03/11    PAGE 0006

FLAGS  LOCTN  OBJECT CODE      ADDR1 ADDR2  STMNT M  SOURCE STATEMENT

00C64  F8 75 3449 3412  00E88               01022           ZAP   DEND,SUMME                      GES. PROV.--> DEND          00001040
00C6A  F8 70 3449 0001  00E88               01023           SRP   DEND,1(0),0                     DIVIDEND ERWEITERN          00001050
00C70  FD 71 3449 3418  00E88  00E5A        01024           DP    DEND,ANZRE                      DURCHSCHN. PROV. BERECHNEN  00001060
00C76  F0 55 3449 003F  00E88               01025           SRP   QUOT,53(0),5                    QUOT. 1 ST. R.,RUNDEN       00001070
                                            01026     *           ANSTELLE DER SRP/DP/SRP-ROUTINE:                            00001080
                                            01027     *     DP    DEND,ANZRE                      DURCHSCHN. PROV. BERECHNEN  00001090
                                            01028     *     ZAP   HIFE,REST                       REST-->HIFE                 00001100
                                            01029     *     AP    HIFE,HIFE                       REST*2                      00001110
                                            01030     *     CP    HIFE,ANZRE                      2*REST=DIVISOR?             00001120
                                            01031     *     BL    AUFBER                                                      00001130
                                            01032     *     AP    QUOT,=P'1'                      QUOTIENT AUFRUNDEN          00001140
                                            01033     *                                                                       00001150
00C7C  D2 20 32E7 33E4  8D029 00E26         01034   AUFBER  MVC   AUSB+69(L'DU),DU                TEXT DURCHSCHN. -->AUSB    00001160
00C82  D2 0B 3309 3428  8D04B 00E5A         01035           MVC   AUSB+23(L'MASKN),MASKN          MASKE DURCH.-PROV.-->AUSB   00001170
00C88  DE 0B 3309 344A  8D04B 00E6C         01036           ED    AUSB+03(L'MASKN),QUOT+1         DURCH.-PROV. AUFBEREITEN    00001180
00C90                                       01037           PUT   DRUCK                                                       00001190
                                            01045     *                                                                       00001210
00CA8                                       01046           CLOSE KARTE                                                       00001220
00CB8                                       01054           CLOSE DRUCK                                                       00001230
                                            01056           TERMD                                PROGRAMMENDE MIT DUMP        00001240
                                            01057     *                                                                       00001250
                                            01058     *           DEFINITIONEN                                                00001260
                                            01059     *                                                                       00001270
00CC2                                       01060   EINB    DS    L33                                                         00001280
00CC2                                       01061           ORG   EINB                                                        00001290
00CC2                                       01062   KA      DS    C                                                           00001300
00CC3                                       01063   KUNJME  DS    L9                                                          00001310
00CCC                                       01064   VERNUME DS    L5                                                          00001320
00CD1                                       01065   REDATE  DS    L6                                                          00001330
00CD7                                       01066   NEBTE   DS    L8                                                          00001340
00CDF                                       01067   PROSKE  DS    L4                                                          00001350
00CE3                                       01068   STB     DS    C                               STEUERBYTE(CONTROLCHARACTER) 00001360
00CE4                                       01069           DS    0CL132                                                      00001370
00CE4                                       01070   AUSB    DS    L11                                                         00001380
00CEF                                       01071           DS    L9                                                          00001390
00CF8                                       01072   KUNUKA  DS    L11                                                         00001400
00D03                                       01073           DS    L5                                                          00001410
00D08                                       01074   VERNUMA DS    L12                                                         00001420
00D14                                       01075           DS    L11                                                         00001430
00D1C                                       01076   REDATA  DS    L10                                                         00001440
00D27                                       01077           DS    L11                                                         00001450
00D3C                                       01078   NEBETA  DS    L6                                                          00001460
00D31                                       01079   PROSAA  DS    L11                                                         00001470
00D42                                       01080           DS    L10                                                         00001480
00D40                                       01081   PROBETA DS    L6                                                          00001490
00D63                                       01082           ORG   AUSB+132                                                    00001500
00D68  E5C5D9E5D9C5E5C5 01083   UEB1   DC    'VERTRETERPROVISIONEN'                                                           00001510
00D7C  DE405C4C5D5D5E4  01084   UEB2   DC    'KUNDENNUMMER     VERTRETERNUMMER      RECHNUNGSDATUM'                            00001520
                                                                 'NETTOBETRAG          PROV.-SATZ        PPOVISIONSBETRAG'    00001530
00DE9  C7C5E2C1D4E3D7D9 01086   GE     DC    'GESAMTPROVISION'                                                                00001540
00DFB  C5E2406E6E0D9C4C5 01087   ES     DC    CL46'ES WURDEN      RECHNUNGEN VERARBEITET'                                     00001550
00E26  C4E409C3C8E2C3C8 01088   DU     DC    CL46'DURCHSCHN. PROV. JE RECHNUNG'                                               00001560
```

```
VERTRETERPROVISION                                      19:08:43  03/11   PAGE 0007

FLAGS  LOCTN  OBJECT CODE      ADDR1 ADDR2 STMNT M  SOURCE STATEMENT

                                      01089        *
00E54  000000000C                     01090  SUMME    DC   PL6'0'                      00001560
00E5A  000C                           01091  ANZRE    DC   PL2'0'                      00001570
00E5C  000C                           01092  SEIZA    DC   PL2'0'                      00001580
00E5E                                 01093  ZEIZA    DS   L2                          00001590
                                      01094        *                                   00001600
00E60  4020202048202048               01095  MASK     DC   X'40202048202048202B'        00001610
00E68  402020202048202B2020'          01096  MASKN    DC   X'402020204B202B2020682020'  00001620
00E70  4020202048202020               01097  MASKGE   DC   X'402020204B202048202120682020215C5C' 00001630
                                      01098                                            00001640
                                      01099                                            00001650
00E88                                 01099  HIFE     DS   L3                          00001660
00E8B                                 01100  DEND     DS   L8                          00001670
00E8B                                 01101           ORG  DEND                        00001680
00E8B                                 01102  QUOT     DS   L6                          00001690
00E91                                 01103  REST     DS   L2                          00001700
                                      01104        *                                   00001710
00083                                 01105  LOE      EQU  L'AUSB-1                    00001720
                                      01106        *                                   00001730
                                      00881
00E98  1C                             00894
00E99  E2C5C9E3C5
00E9E  0C
00E9F  02cC                           00502B
00EA1  40202020                       00987
00A40                                 01111
                                      01107              END  ANF        GLEICHSETZEN  00001740

FLAGS IN 000000 STATEMENTS, 000 PRIVILEGED FLAGS, 000 MNOTES

THE OBJECT PROGRAM PR3V    VER001 03/11   WAS ASSEMBLED ON    7.755  UNDER BS1000

SIZE OF WORKING STORAGE AREA USED ON DISC 001 CYLINDERS
```

VERTRETERPROVISIONEN   SEITE 001

KUNDENNUMMER	VERTRETERNUMMER	RECHNUNGSDATUM	NETTOBETRAG	PROV.-SATZ	PROVISIONSBETRAG
123456789	555	31.12.76	56.789,00	2,55%	1.448,12
123456789	555	31.12.76	56.789,00	2,55%	1.448,12
123456789	555	31.12.76	56.789,00	2,55%	1.448,12
123456789	555	31.12.76	56.789,00	2,55%	1.448,12
123456789	555	31.12.76	56.789,00	2,55%	1.448,12
123456789	555	31.12.76	56.789,00	2,55%	1.448,12
123456789	555	31.12.76	56.789,00	2,55%	1.448,12
123456789	555	31.12.76	56.789,00	2,55%	1.448,12
123456789	555	31.12.76	56.789,00	2,55%	1.448,12
234567	2222	31.12.76	4.320,00	11,95%	516,24
234567	2222	31.12.76	4.320,00	11,95%	516,24
234567	2222	31.12.76	4.320,00	11,95%	516,24
234567	2222	31.12.76	4.320,00	11,95%	516,24
234567	2222	31.12.76	4.320,00	11,95%	516,24
234567	2222	31.12.76	4.320,00	11,95%	516,24
234567	2222	31.12.76	4.320,00	11,95%	516,24
234567	2222	31.12.76	4.320,00	11,95%	516,24
234567	2222	31.12.76	4.320,00	11,95%	516,24

VERTRETERPROVISIONEN   SEITE 002

KUNDENNUMMER	VERTRETERNUMMER	RECHNUNGSDATUM	NETTOBETRAG	PROV.-SATZ	PROVISIONSBETRAG
234567	2222	31.12.76	4.320,00	11,95%	516,24
234567	2222	31.12.76	4.320,00	11,95%	516,24
234567	2222	31.12.76	4.320,00	11,95%	516,24
234567	2222	31.12.76	4.320,00	11,95%	516,24
234567	2222	31.12.76	4.320,00	11,95%	516,24
234567	2222	31.12.76	4.320,00	11,95%	516,24
234567	2222	31.12.76	4.320,00	11,95%	516,24
234567	2222	31.12.76	4.320,00	11,95%	516,24
234567	2222	31.12.76	4.320,00	11,95%	516,24
34567890	5678	31.12.76	505.555,00	00,25%	1.263,89
34567890	5678	31.12.76	505.555,00	00,25%	1.263,89
34567890	5678	31.12.76	505.555,00	00,25%	1.263,89
34567890	5678	31.12.76	505.555,00	00,25%	1.263,89
34567890	5678	31.12.76	505.555,00	00,25%	1.263,89
59180	10109	1.02.77	40.519,00	19,99%	8.063,28
59180	10109	1.02.77	40.519,00	19,99%	8.063,28
59180	10109	1.02.77	40.519,00	19,99%	8.063,28
59180	10109	1.02.77	40.519,00	19,99%	8.063,28

GESAMTPROVISION   63.378,57 **
ES WURDEN 39 RECHNUNGEN VERARBEITET   **
DURCHSCHN. PROV. JE RECHNUNG   1.625,09 **

```
TERMINAL DUMP            PC:C          PROGRAM: PROV              DUMP TIME: 19:10:10        DATE: 23/11          PAGE 001

PROGRAM STATUS
   PROGRAM COUNTER: 000CC2/026CC2          CONDITION CODE: 0           RUN TIME: 00:00:00      TYPE OF TERMINATION: NORMAL

   GR0:00026CBC   GR1:00026188    GR2:00000000    GR3:5F026A42    GR4:00000000    GR5:00000000    GR6:00000000    GR7:00000000
   GR8:00000000   GF9:00000000    GRA:00000000    GRB:00000000    GRC:FFFFFFFC    GRD:00000000    GRE:00026CC0    GRF:00026240

PROCESS TABLE
                            C D P R  O V
   000000/003D58    C3C4D7D9 D6F54640 40403D90 00003D58     000010/003D68   C0000000 0003EFFF 00026000 17025400
                            0        .                                      A
   000020/003D73    3A2207FE F0191010 F001FF00 0C042F7D     000030/003D88   C1000000 00000009

E.S.A.
                            A       |  X B      X
   000000/026000    00000000 00C14005 4F026CC2 00026CBC     000010/026010   00026188 00000000 5F026A42 00000000
                                                                                     .   ^
   000020/026020    00000000 00000003 00000000 00000000     000030/026030   00000000 00000000 00000000 FFFFFFFC
                                       X
   000040/026040    00000000 00026CC0 00026240 00000000     000050/025050   00000000 00000000 00000000 00000000
                                                *                       .
   000080/026080    00000000 00000000 01FF8000 00000001     0300C0/025000   12A00000 00000000 00000000 00000000
                                       X
   0000D0/0260D0    30028FD0 0003EFE7
```

03/11 19:10:29 DIALOGUE EDIT PAGE 001

Bedienplatzprotokoll

Zeit		Befehl	
19:06:24	OUT-->	C/MONITR/START	
19:06:25	OUT-->	DVC/R2(C)-INOP	
19:06:37	OUT-->	C/MONITR/ // JOB KR76,MSG ***VERTRETERPROVISION****	
19:06:38	OUT-->	LOD/LMS PC:C 19:06:38 V:400	PC (Priorität) C
19:07:12	OUT-->	LOD/ASSEMB PC:C 19:07:12 V:404	
19:09:28	OUT-->	LOD/MODCAT PC:C 19:09:28 V:408	
19:09:43	OUT-->	LOD/OSLINK PC:C 19:09:43 V:415	
19:10:02	OUT-->	LOD/PROV PC:C 19:10:02 V:003	Das Programm PROV wurde geladen
19:10:09	OUT-->	C/PROV/A9876543219999310177100500000050	Falsche Karte, Meldung vom TYPE-Makroaufruf
19:10:10	OUT-->	C/PROV/5006 KARTE R2 000040	
19:10:10	OUT-->	C/PROV/5006 DRUCK L1 000048	
19:10:10	OUT-->	EOJ/PROV PC:C 19:10:10	Programm PROV wurde normal (fehlerfrei) beendet
19:10:26	OUT-->	DUM/C,L1-END	Speicherabzug
19:10:27	OUT-->	C/MONITR/ // MEND	

11.2. Verarbeiten von Feldinhalten variabler Länge

1. Aufgabenbeschreibung
Es werden Datensätze eingelesen. Menge, Preis und Nummer eines Artikels sind die auszuwertenden Feldinhalte. Das Produkt Menge * Preis soll errechnet und mit der Artikelnummer ausgegeben werden. Die Feldinhalte für die Menge und den Preis sind vor der Verarbeitung auf numerischen Inhalt zu prüfen. Pro Artikel gibt es nur einen Satz. Die Felder für die Menge (Stückzahl) und den Preis (DM/Pf.) sind variabel lang und durch die Zeichen * beziehungsweise # begrenzt. Wird ein falsches Trennzeichen erkannt, so ist eine Meldung an den Bedienplatz auszugeben. Die Meldung besteht aus dem Inhalt des fehlerhaften Satzes und einem Hinweis auf das falsche Trennzeichen. Bei nicht numerischen Daten ist eine entsprechende Nachricht vorzusehen. Zum Stellen von Programmweichen sollen Verknüpfungsbefehle und für das Bestimmen der aktuellen Feldlängen sowie das Prüfen auf numerischen Feldinhalt der Befehl TRT verwendet werden. Wenn Befehle mit den errechneten Längen versorgt werden müssen (z. B. beim Packen), wird die Anwendung des EX-Befehls empfohlen.

2. Eingabedaten
Aufbau der Datenfelder des Satzes

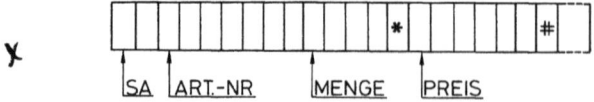

Bedeutung der Feldnamen:
SA   : Satzart (es soll auf C'*' geprüft werden).
ART.-NR. : Artikelnummer (sechsstellig).
MENGE   : Mengenfeld (maximal vierstellig, linksbündig).
*   : 1. Trennzeichen (Abgrenzung des Mengenfeldes).
PREIS   : Preisfeld (maximal fünfstellig, linksbündig im Anschluß an das Mengenfeld).
: 2. Trennzeichen (Ende des variabel langen Preisfeldes).

3. Datenausgabe

Es soll ein einfaches Listenbild gemäß dem folgenden Formularentwurfsblatt erzeugt werden. In den Druckstellen 1 bis 24 sind zeilenweise die Artikelnummer und der dazugehörige Gesamtpreis auszugeben. Die Schlußzeile enthält die Summe aller aufgelisteten Preise. Blattwechsel und Seitennumerierung muß nicht vorgesehen werden.

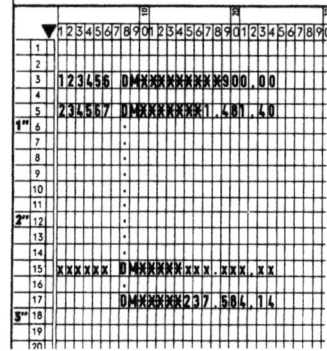

4. Ablaufplan zum Programm „Verarbeiten von Feldinhalten variabler Länge"

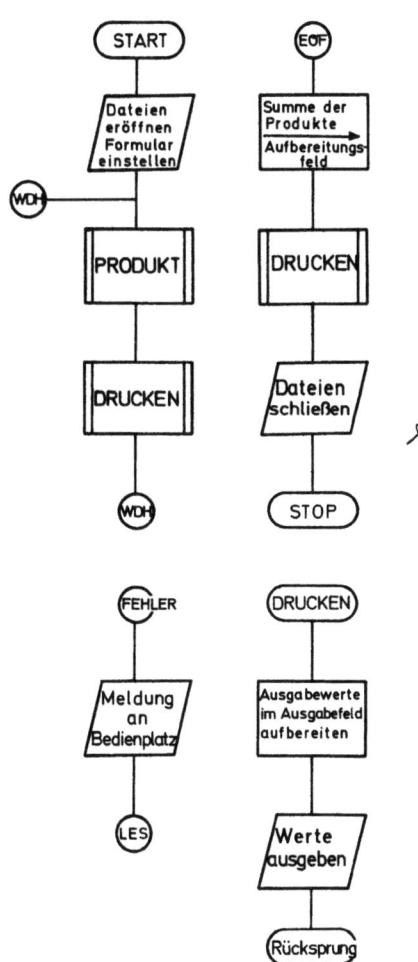

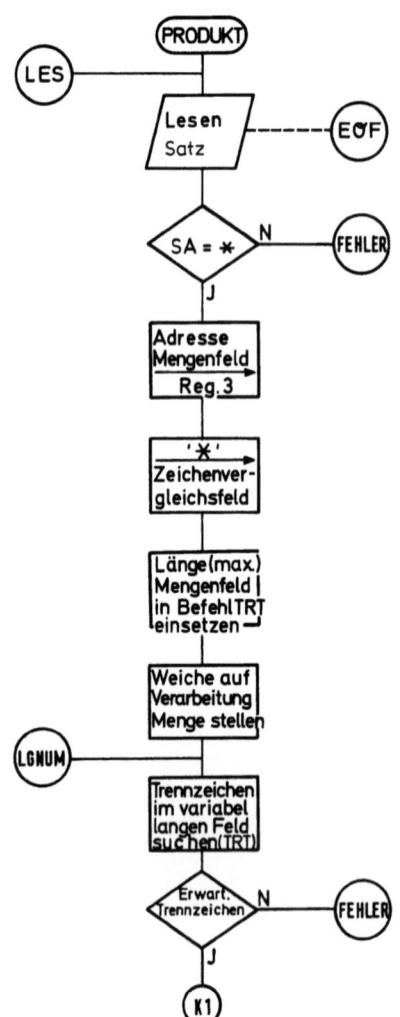

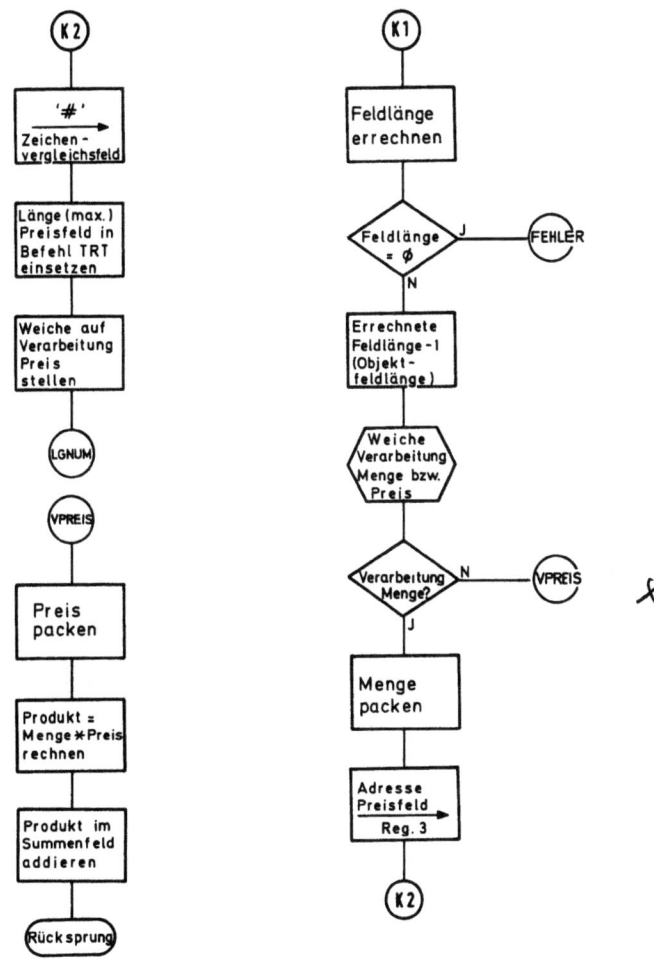

5. Musterlösung

Es folgen das Übersetzungsprotokoll, der Hauptspeicherabzug und der Bedienungsplatzdialog zum Programm „Verarbeiten von Feldinhalten variabler Länge" (Programmname VARIABEL).

VARIABLE FELDLAENGEN ERMITTELN, ARTIKELLISTEN AUSGEBEN   19:03:59 03/11   PAGE 0004

FLAGS LOCTN OBJECT CODE   ADDR1 ADDR2 STMNT M SOURCE STATEMENT

```
                                                    VARIABEL  START 216
000D8                                         0001            TITLE 'VARIABLE FELDLAENGEN ERMITTELN, ARTIKELLISTEN AUSGEBEN'   ********
                                              0002            PRINT NOGEN                                                     ********
                                              0003  *                                                                         ********
                                              0004  *                                                                         ********
                                              0005                                                                            ********
000D8                                         0006    KARTE   FCB   FCBTYPE=SAM,                        SEQU. DATEIZUGRIFF    ********
                                              0007                  BLKSIZE=20,                         BLOCKLAENGE           ********
                                              0008                  EXIT=(EOF),                         END OF FILE - ADRESSE ********
                                              0009                  DEVICE=READER,                      GERAET                ********
                                              0010                  DEVADDR=RDR,                        SYMB. GERAETEADRESSE  ********
                                              0011                  RECFORM=F,                          FESTE SATZLAENGE      ********
                                              0080                  IOAREA1=EBER                        SATZEINGABEBEREICH    ********
00188                                         0081    LISTE   FCB   FCBTYPE=SAM,                        SEQU. DATEI           ********
                                              0082                  RECFORM=F,                          SAETZE FESTER LAENGE  ********
                                              0083                  BLKSIZE=24,                         BLOCKGROESSE          ********
                                              0084                  DEVICE=PRINTER,                     GERAET                ********
                                              0085                  DEVADDR=LST,                        SYMB. GERAETEADRESSE  ********
                                              0086                  IOAREA1=AUSBER                      SATZPUFFER            ********
                                              0152  *                                                                         ********
00238                                         0153  *                                                                         ********
00AE8  05 B0                                  0915    ANF     BALR  11,0                                                      ********
                                              0916            USING *,11                                                      ********
00AEA                                         0917            OPEN  KARTE                                                     ********
00AEC                                         0918            OPEN  LISTE                                                     ********
                                              0926            CNTRL LISTE,SK,1                          BLATTWECHSEL          ********
00B3C  45  80 B068        00B52               0934            BAL   8,PRODUKT                           UP PRODUKTE ERRECHNEN ********
00B20  45  80 B0F8        00BE2               0935            BAL   8,DRUCKEN                           UP PRODUKTE AUSDRUCKEN ********
00B24  47  F0 B032        00B1C               0936            B     MDH                                                       ********
00B28                                         0937    EOF     EQU   *                                                         ********
00B28  F8 55 B1B4 B1BD                        0938            ZAP   MENGE,SU4                                                 ********
00B2E  D2 05 B16F B2D6    00C9E 00CA7         0939            MVC   EBER+2(6),=CL6' '                   GGF. INF DER /*-KARTE LOESCHEN ********
00B34  45  80 B0F8        00BE2               0940            BAL   8,DRUCKEN                                                 ********
00B38                                         0941            CLOSF KARTE                                                     ********
00B50                                         0949            CLOSE LISTE                                                     ********
                                              0950            TERM                                      PROGRAMMENDE          ********
                                              0951                                                                            ********
                                              0952  *                                                                         ********
00B52                                         0953    PRODUKT EQU   *                                                         ********
00B54                                         0954    LES     GET   KARTE                                                     ********
00B6C  95 5C B16D        00B80                0962            CLI   EBER,'*'                            KA=*?                 ********
00B74  47  80 B096        00BB4               0963            BE    CONT                                KA=*                  ********
00B7A                                         0964            TYPE  CONT                                                      ********
                                              0968            COMTY EBER                                                      ********
00B7C  47 F8 B06A        00B54                0978    CONT    B     LES                                                       ********
00B83  1B 22                                  0971            SR    2,2                                 TRT-REGISTER          ********
00B82  41 30 B176        00B8C                0972            LA    3,EBER+9                            ADRESSE MENGE         ********
00B86  92 5C B1B3                             0973            MVI   ZCHN,'*'                            1. FELDTRENNZEICHEN   ********
00B8A  92 04 B0A9                             0974            MVI   LGNU4+1,X'04'                       LAENGE MENGE EINSETZEN (OBJ.) ********
00B8E  94 0F B0BF                             0975            NI    WEICHE+1,X'0F'                      WEICHE AUF VMENGE     ********
00B92  DD 00 3000 B1D2        00CBC           0976            TRT   0(0,3),TAB                                                ********
00B98  BD 21 B1B3                             0977            CLM   2,1,ZCHN                            ERWARTETES TRENNZEICHEN? ********
00B9C  47 70 B148        00C32                0978            BNE   FEHLER                                                    ********
00BA0  1B 13                                  0979            SR    1,3                                 LAENGE FELD           ********
00BA2  47 80 B148        00C32                0980            BZ    FEHLER                              FELDLAENGE NULL       ********
```

```
VARIABLE FELDLAENGEN ERMITTELN, ARTIKELLISTEN AUSGEBEN                                    19:03:59  03/11   PAGE 0005

FLAGS   LOCTN OBJECT CODE       ADDR1 ADDR2 STMNT M  SOURCE STATEMENT

00BA6   06  10  B0E0                          00981            BCTR  1,0                    OBJEKTLAENGE FELD
00BA3   47  00  B0E0                          00982            NOP   VPREIS                  ERST VMENGE DANN VPREIS
                                              00983   WEICHE
003AC   44  10  B0DA                   00BCA  00984   VMENGE   EX    1,MGPACK                MENGE PACKEN
20BB8   41  31  3002                          00985            LA    3,2(,3)                 ADRESSE PREISFELD
00BB4   96  F0  B4BF                          00986            OI    WEICHE+1,X'F0'          WEICHE AUF VPREIS
00BB8   92  7B  B1B3                   00BC4  00987            MVI   ZCHN,'#'                2. FELDTRENZEICHEN
00BBC   92  05  B0A9                   00BA9  00988            MVI   LGNUM+1,X'05'           LAENGE PREISFELD(OBJ.)
00BC0   47  F0  B0A8                   00BA9  00989            B     LGNUM
00BC4   F2  50  B1B4  B175             00C9E 00C60 00990            PACK  PMENGE,EBER+9(0)
                                              00991   *
                                              00992   VPREIS
00BCA   44  10  B6F2                   00BDC  00993            EX    1,PRPACK                PREIS PACKEN
00BCE   FC  52  B1B4  B134             00C9E 00CA4 00994            MP    PMENGE,PPREIS           PRODUKT MENGE*PREIS
00BD6   FA  55  B1BD  B184             00CA7 00C9E 00995            AP    SUM,PMENGE              PRODUKTE SUMMIEREN
00BDA   07  F8                                00996            BR    8
00BDC   F2  20  B1BA  3000             00CA4  00997            PACK  PPREIS,0(0,3)
                                              00998   *
                                              00999   DRUCKEN  EQU   *
00BE2                                         01000            MVC   AUSBER(L'AUSBER),AUSBER-1
00BE8   D2  00  B155  B16F                    01001            MVC   AUSBER(6),EBER+2
00BE3   D2  05  B155  B16F                    01002            MVC   AUSBER+7(2),='DM'
00BEE   D2  01  B15C  B2DC                    01003            MVC   AUSBER+9(L'MASKE),MASKE
00BF4   D2  40  B15E  B1C3                    01004            ED    AUSBER+9(L'MASKE),PMENGE  2 ZEILEN NACH DEM DRUCKEN
00BFA   DE  0E  B15E  B1B4                    01005            CNTRL LISTE,SP,,2
00C00                                         01013            PUT   LISTE
00C18                                         01021            BR    8
00C30   07  F8                                01022   *
                                              01023   FEHLER   EQU   *                       FEHLERKARTE + TEXT
00C32                                         01024            TYPE  EBER,70
00C32                                         01026            C04TY
00C3A   47  F0  B06A            00B54         01031            B     LES
                                              01032   *
                                              01033   *        DEFINITIONEN
                                              01034   *
00C3E   40                                    01035   AUSBER   DC    ' '
00C3F   40                                    01036   EBER     DC    24' '
00C57   6E6E5C1D3E2C3C8                       01037   TEXT     DC    '>>FALSCHES TRENNZEICHEN BZW FELD NICHT NUMERISCH<<'
00C9D                                         01038   ZCHN     DS    C
00C9E                                         01039   PMENGE   DS    L6
00CA4                                         01040   PPREIS   DS    L3
00CA7   00000000003C                          01041   SUM      DC    PL6'0'
00CAD   5C202C204B202620                      01042   MASKE    DC    X'5C202C204B202B202120B2020'
                                              01043   *
00CBC   FF                                    01044   TAB      DC    256X'FF'
                                              01045            ORG   TAB+92
00CD18  5C                                    01046            DC    '*,*'
00CD37  7B                                    01047            DC    '#'
00CDAC                                        01048            ORG   TAB+X'7B'
00CDAC  00                                    01049            DC    10X'00'
```

VARIABLE FELDLAENGEN ERMITTELN, ARTIKELLISTEN AUSGEBEN   19:03:59   03/11   PAGE 0006

FLAGS LOCTN OBJECT CODE   ADDR1 ADDR2 STMNT M SOURCE STATEMENT

       00DBC   01051   ORG
                                          01052   *
                                          01053   *
                                          01054   *   DATENKARTEN
                                          01055   *   901234 900*10#   00001040
                                          01056   *   890123 455*1980#   00001050
                                          01057   *   789012 8500*2050#   00001070
                                          01058   *   678901 90*99#   00001080
                                          01059   *   567890 5742550#   00001090
                                          01060   *   456789 900*126#   00001100
                                          01061   *   345678 456*2354#   00001110
                                          01062   *   234567 12*12345#   00001120
                                          01063   *   FEHL01 7*11111*   00001130
                                          01064   *   FEHL02 12345512143   00001140
                                          01065   *   FEHL03 12*123456#   00001150
                                          01066   *   FEHL04 5#9*   00001160
                                          01067   *   FEHL05 4*00*105#   00001170
                                          01068   *   FEHL06 4400*1C5#   00001180
                                          01069   *   FEHL07 *100*   00001190
                                          01070   *   FEHL08 5*#   00001200
                                          01071   *   123456 4500*105#   00001210
       00DC0 4040404040   00939   00001220
       00DC6 C404   01002   00001230
       00AE3   01072   END   ANF   00001240

                                                                                                    00001250

FLAGS IN 000000 STATEMENTS, 000 PRIVILEGED FLAGS, 000 MNOTES

THE OBJECT PROGRAM VARIABEL VER001 03/11 WAS ASSEMBLED ON   7.755 UNDER BS1000

SIZE OF WORKING STORAGE AREA USED ON DISC 001 CYLINDERS

                    701234 DM********900,00
                    890123 D4*******9.035,80
                    789012 DM*****174.250,00
                    678901 D4*******891,80
                    567890 D4****24.253,50
                    456789 DM*****11.340,80
                    345678 DM*****10.734,24
                    234567 D4******1.481,40
                    123456 DM******4.725,00
                           DM****237.58,14

Vom Programm eingelesene
Datenkarten, die als fehlerhaft
erkannt werden

```
TERMINAL DUMP          PC::C          PROGRAM: VARIABEL          DUMP TIME: 19:05:43          DATE: 03/11          PAGE 001

PROGRAM STATUS

    PROGRAM COUNTER: 000B52/026B52          CONDITION CODE: 0                    RUN TIME: 00:00:00          TYPE OF TERMINATION: NORMAL
    GR0:00026B4C    GR1:00026188    GR2:00000078    GR3:00026C65    GR4:00000000    GR5:00000000    GR6:00000000    GR7:00000000
    GR8:AF026B38    GR9:00003000    GRA:00000000    GRB:5F026AEA                    GRC:00000000    GRD:00000000    GRE:00026B50    GRF:00026240

PROCESS TABLE

              C D V A    R I A B  E L
    000000/003D58    C3C4E5C1 D9C9C1C2 C5D33D90 00003D58    020010/003D68    C0000000 0003EFFF 00026000 17026400
    000020/003D78    3A2207FE F0190543 F001FF00 0C0427D     000030/003D88    C1000000 00000005

E.S.A.

    000000/026000    00000000 00C14005 1F026B52 00026B4C
    000020/026020    00000000 00000000 00000000 AF026B38    000010/026010    00026188 0000007B 0025C65 00000000
    000040/026040    00000000 00026B50 00026240 00000000    000030/026030    00000000 00000000 5F026AFA 00000000
    000080/026080    00000000 00000000 01FF8000 00C00001    000050/026050    00000000 00000000 00000000 00000000
    0000D0/0260D0    3002800  0003EFE7                      0000C0/0250C0    12A00000 00000000 00000000 00000000
```

```
03/11        19:06:02              DIALOGUE EDIT                                                            PAGE 001

19:01:34   OUT-->   C/MONITR/START
19:01:37   OUT-->   C/MONITR/
                    // JOB KR 77 VARIABEL
19:01:37   OUT-->   LOD/LMS          PC:C 19:01:37 V:408
19:02:25   OUT-->   LOD/ASSEMB       PC:C 19:02:25 V:404
19:04:26   OUT-->   LOD/MODCAT       PC:C 19:04:26 V:408
19:04:44   OUT-->   LOD/DSLINK       PC:C 19:04:44 V:415
19:05:38   OUT-->   LOD/VARIABEL     PC:C 19:05:38 V:003
19:05:41   OUT-->   C/VARIABEL/* FEHL01 7#11111*   >>FALSCHES TRENNZEICHEN BZW FELD NICHT NUMERISC
                    H<<
19:05:41   OUT-->   C/VARIABEL/* FEHL02 123456#1214#>>FALSCHES TRENNZEICHEN BZW FELD NICHT NUMERISC
                    H<<
19:05:41   OUT-->   C/VARIABEL/* FEHL03 12*123456#  >>FALSCHES TRENNZEICHEN BZW FELD NICHT NUMERISC
                                                    zu viele Stellen
19:05:42   OUT-->   C/VARIABEL/* FEHL04 5#9*       >>FALSCHES TRENNZEICHEN BZW FELD NICHT NUMERISC
                    H<<
19:05:42   OUT-->   C/VARIABEL/* FEHL05 4+00+105#  >>FALSCHES TRENNZEICHEN BZW FELD NICHT NUMERISC
                    H<<
19:05:42   OUT-->   C/VARIABEL/* FEHL06 4400+125#  >>FALSCHES TRENNZEICHEN BZW FELD NICHT NUMERISC
                    H<<
19:05:42   OUT-->   C/VARIABEL/* FEHL07 +100#      >>FALSCHES TRENNZEICHEN BZW FELD NICHT NUMERISC
                    H<<                                        Feldlänge 0
19:05:42   OUT-->   C/VARIABEL/* FEHL08 5+#        >>FALSCHES TRENNZEICHEN BZW FELD NICHT NUMERISC
                    H<<                                        Feldlänge 0
19:05:42   OUT-->   C/VARIABEL/F FEHL09 KA FALSCH
19:05:43   OUT-->   C/VARIABEL/5086  KARTE  R2 000018 ─── Meldung : Kartendatei geschlossen, 18 Sätze, Gerät R2, FCB- Name KARTE
19:05:43   OUT-->   C/VARIABEL/5086  LISTE  L1 000010 ─── Meldung : Druckdatei geschlossen, 10 Sätze ausgegeben, FCB- Name LISTE
19:05:43   OUT-->   EOJ/VARIABEL     PC:C 19:05:43      ─── Normale Beendigung des Programms VARIABEL, PC (Priorität) C
19:05:58   OUT-->   DUM/C,L1=END
19:05:59   OUT-->   C/MONITR/
                    // *END
```

104

12. Anhang

Nachfolgend wird eine zusammenfassende Darstellung der neu hinzugekommenen Befehle, Anweisungen und Makro-Aufrufe gegeben und damit der in Teil III des Lernprogramms beschrieben Umfang der Assemblersprache erweitert. Einige Befehle, die sich nicht in ihren Funktionen, sondern nur durch den Befehlstyp unterscheiden, sind an dieser Stelle zusätzlich aufgeführt und dem Eigenstudium anheimgestellt. Weitergehende, über die Lernziele dieses Lernprogramms hinausgehende Informationen sind den herstellerspezifischen Druckschriften und Handbüchern zu entnehmen.

12.1. Dezimalbefehle

12.1.1. Verschieben und Runden von Dezimalzahlen, SRP (Shift and Round Packed)

Befehlsformat:

Op	L1	I3	B1	D1	B2	D2
0	7 8	11 12	15 16	19 20	31 32	35 36	47

Befehlstyp: SS
Operationscode: FO$_{(16)}$

Der durch B1/D1 adressierte Operand 1 wird verschoben. Die Anzahl der zu verschiebenden Stellen und die Verschieberichtung ergeben sich aus den Bits 26 bis 31 von B2/D2. Ist Bit 26 gleich 0, erfolgt eine Verschiebung nach links, die einer Erweiterung der Zahl mit 10, 100 usw. entspricht. Die Bits 27 bis 31 bestimmen dabei die Anzahl der zu verschiebenden Stellen. Falls Bit 26 gleich 1 ist, wird nach rechts verschoben. Die Bits 27 bis 31 stellen dann das Zweierkomplement der Verschiebezahl dar.

Anzeige: 0 Das Ergebnis ist gleich 0.
         1 Das Ergebnis ist kleiner als 0.
         2 Das Ergebnis ist größer als 0.
         3 Es ist Überlauf eingetreten.

Assemblerschreibweisen: SRP |Adresse1,D2(B2),I3
                               SRP |D1(L1,B1),D2(B2),I3

I3 ist der Rundungsfaktor (Rundungswert). Beim Verschieben werden Nullen nachgezogen. Die Anzeige Überlauf wird erzeugt, wenn aus dem Feld nach links Ziffern ungleich 0 hinausgeschoben werden. Bei einer Rechtsverschiebung wird der Rundungsfaktor I3 auf die letzte, rechts aus dem Feld hinausgeschobene Ziffer vorzeichengerecht addiert; Überträge werden weitergeleitet.

Beispiele:

```
            SRP     FELD1 ,6,3,(0),,5
* ODER      SRP     FELD1 ,6,3,,5                  (3)

            SRP     FELD2,,2,(0),,0
* ODER      SRP     FELD2,,2,,0                    (3)

FELD1       DC      PL4'1,2,3,4,5'                 (1)
FELD2       DC      PL4'-1,2,3,4,5'                (2)
```

(1) Inhalt von FELD1 nach Befehlsausführung: $0001235C_{(16)}$.
(2) Inhalt von FELD2 nach Befehlsausführung: $1234500D_{(16)}$.
(3) Verkürzte formal richtige Assemblerschreibweise.

12.1.2. Löschen und Addieren, ZAP (Zero and Add)

Befehlsformat:

Op	L1	L2	B1	D1	B2	D2
0	7 8	11 12	15 16	19 20	31 32	35 36	47

Befehlstyp: SS
Operationscode: $F8_{(16)}$

Das durch B1/D1 adressierte Feld wird mit dem 2. Operanden an der Adresse B2/D2 geladen. Die Operation entspricht einer Addition auf 0, das heißt der Inhalt des Empfangsfeldes ist ohne Bedeutung. Die Anzeige Überlauf tritt auf, wenn der 2. Operand länger als der 1. Operand ist und von 0 verschiedene Stellen verlorengehen.

Anzeige: 0 Das Ergebnis ist gleich 0.
         1 Das Ergebnis ist kleiner als 0.
         2 Das Ergebnis ist größer als 0.
         3 Es ist Überlauf eingetreten.

Assemblerschreibweisen: ZAP |Adresse1,Adresse2
                               ZAP |D1(L1,B1),D2(L2,B2)

Beispiel:

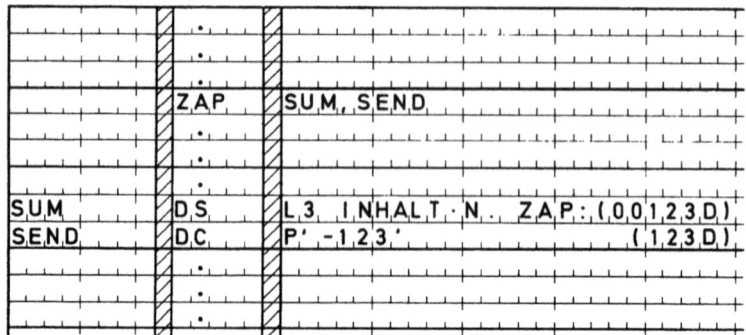

12.1.3. Vergleichen arithmetisch, CP (Compare Packed)

Befehlsformat:

Op	L1	L2	B1	D1	B2	D2
0	7 8	11 12	15 16	19 20	31 32	35 36	47

Befehlstyp: SS
Operationscode: $F9_{(16)}$

Die Inhalte der beiden Operanden werden arithmetisch verglichen. Die Operation erfolgt von rechts nach links. Bei ungleich langen Operanden wird der kürzere während des Vergleichs intern mit führenden Nullen auf die Länge des längeren Operanden gebracht.

Anzeige: 0 1. Operand = 2. Operand
        1 1. Operand < 2. Operand
        2 1. Operand > 2. Operand
        3 Nicht verwendet

Assemblerschreibweisen: CP   Adresse1,Adresse2
                               CP   D1(L1,B1),D2(L2,B2)

Beispiel:

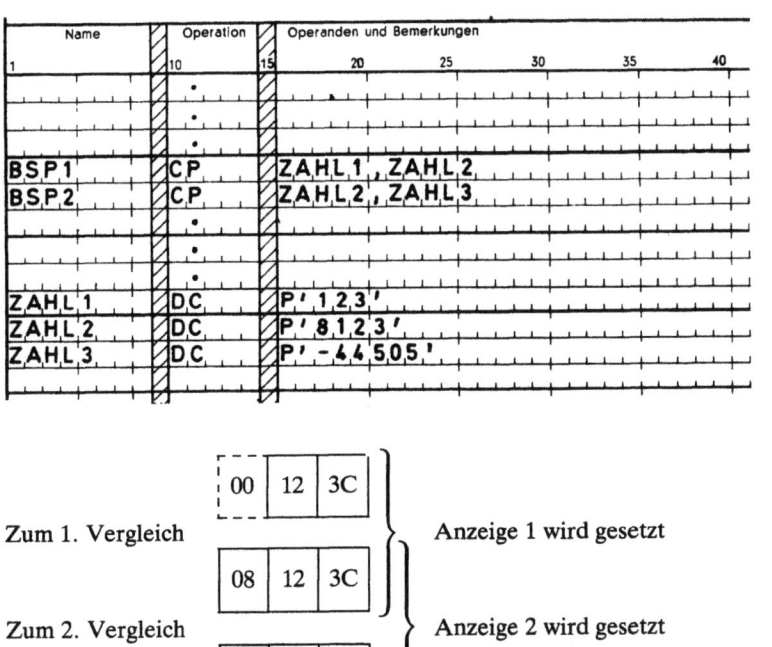

Positive und negative Nullen im Vergleich führen zur Anzeige 0. Enthalten die Operanden keine gültigen gepackten Zahlen, erfolgt Programmabbruch mit „Datenfehler".

12.2. Festpunktbefehle

12.2.1. Arithmetische Verschiebebefehle

12.2.1.1. Linksverschiebung, SLA (Shift Left Single)

Befehlsformat:

Op	R1	R3	B2	D2
0	7 8	11 12	15 16	19 20 31

Befehlstyp: RS
Operationscode: $8B_{(16)}$

Der Inhalt des MZR R1 wird mit Ausnahme der Vorzeichenstelle um so viele Bitstellen nach links verschoben, wie die sechs niederwertigen Bits der Adresse B2/D2 angeben. Aus dem Register hinausgeschobene Bits gehen verloren, von rechts werden Nullen nachgezogen. Das Vorzeichenbit bleibt erhalten. Ist ein verlorenes Bit ungleich dem Vorzeichenbit, tritt Festpunktüberlauf ein.

Anzeige: 0 Das Ergebnis ist gleich 0.
         1 Das Ergebnis ist kleiner als 0.
         2 Das Ergebnis ist größer als 0.
         3 Es ist Festpunktüberlauf eingetreten.

Assemblerschreibweisen: SLA |Register1,Verschiebezahl
                        SLA |Register1,D2(B2)

Beispiele:

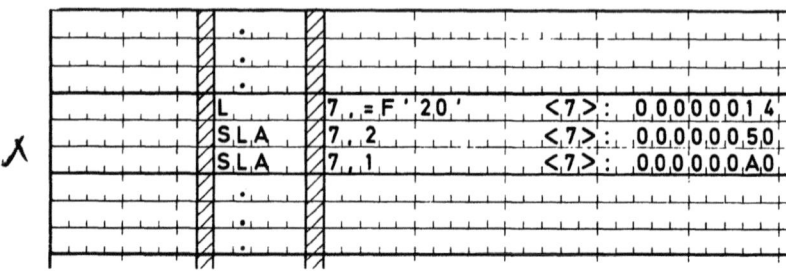

12.2.1.2. Rechtsverschiebung, SRA (Shift Right Single)

Befehlsformat:

Op	R1	R3	B2	D2
0	7 8	11 12	15 16	19 20 31

Befehlstyp: RS
Operationscode: $8A_{(16)}$

Der Inhalt des MZR R1 wird um so viele Stellen nach rechts verschoben, wie die sechs niederwertigen Bits der Adresse B2/D2 angeben. Die restlichen Stellen von B2/D2 werden nicht berücksichtigt. Nach rechts aus dem Register hinausgeschobene Bits gehen verloren, von links wird der Wert der Vorzeichenstelle nachgezogen; die Vorzeichenstelle (Bitposition 0) bleibt erhalten.

Assemblerschreibweisen: SRA |Register1,Verschiebezahl
                        SRA |Register1,D2(B2)

Anzeige: 0 Das Ergebnis ist gleich 0.
         1 Das Ergebnis ist kleiner als 0.
         2 Das Ergebnis ist größer als 0.
         3 Nicht verwendet.

Beispiele:

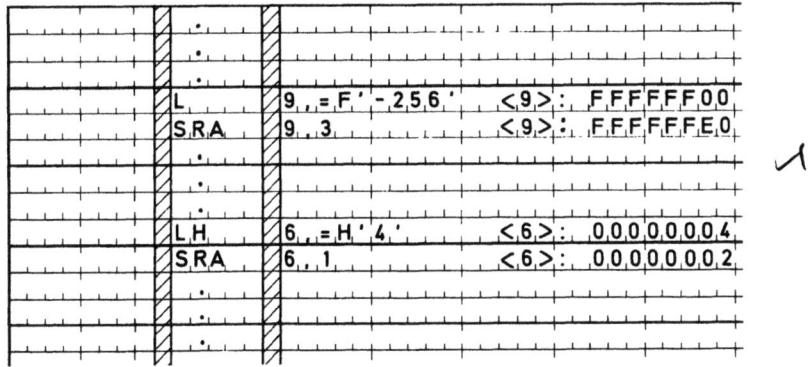

12.2.1.3. Linksverschiebung im Registerpaar, SLDA (Shift Left Double)

Befehlsformat:

Op	R1	R3	B2	D2
0	7 8	11 12	15 16	19 20 31

Befehlstyp: RS
Operationscode: $8F_{(16)}$

Der Inhalt der beiden Register R1 und R1+1 (R1 geradzahlig) wird als Einheit betrachtet und mit Ausnahme der Vorzeichenstelle nach links verschoben. Die sechs niederwertigen Bits von B2/D2 sind die Verschiebezahl. Nach links aus dem Registerpaar hinausgeschobene Bits gehen verloren; von rechts werden Nullen nachgezogen.

Anzeige: 0 Das Ergebnis ist gleich 0.
        1 Das Ergebnis ist kleiner als 0.
        2 Das Ergebnis ist größer als 0.
        3 Es ist Festpunktüberlauf eingetreten.

Assemblerschreibweisen: SLDA |Register1,Verschiebezahl
                                   SLDA |Register1,D2(B2)

Beispiel:

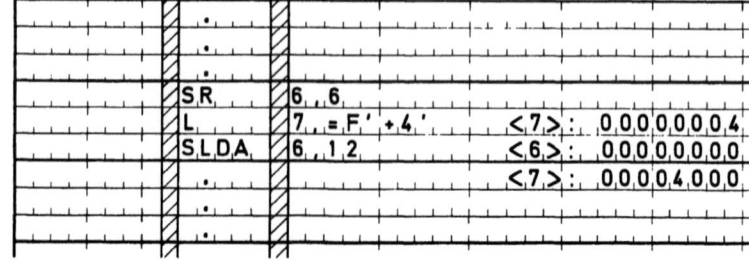

12.2.1.4. Rechtsverschiebung im Registerpaar, SRDA
(Shift Right Double)

Befehlsformat:

Op	R1	R3	B2	D2
0	7 8	11 12	15 16	19 20	31

Befehlstyp: RS
Operationscode: $8E_{(16)}$

Der Inhalt des Doppelregisters R1 und R1 + 1 (R1 geradzahlig) wird um so viele Stellen nach rechts verschoben, wie die sechs niederwertigen Bits der Adresse B2/D2 angeben. Nach rechts aus dem Registerpaar hinausgeschobene Bits gehen verloren, von links wird der Wert der Vorzeichenstelle nachgezogen. Die Vorzeichenstelle bleibt erhalten.

Anzeige: 0 Das Ergebnis ist gleich 0.
         1 Das Ergebnis ist kleiner als 0.
         2 Das Ergebnis ist größer als 0.
         3 Nicht verwendet.

Assemblerschreibweisen: SRDA |Register1,Verschiebezahl
                             SRDA |Register1,D2(B2)

Beispiel:

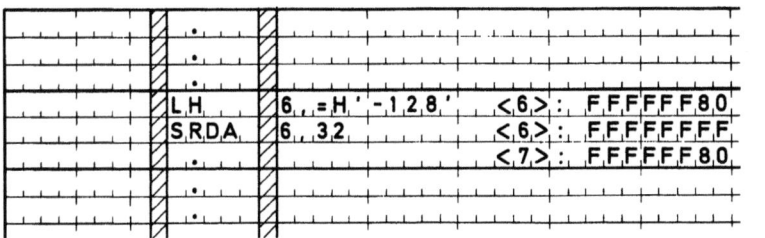

```
LH      6,=H'-1,2,8,'    <6>:  F,F,F,F,F,8,0
SRDA    6,3,2            <6>:  F,F,F,F,F,F,F
                         <7>:  F,F,F,F,F,8,0
```

12.2.2. Logische Verschiebebefehle für Rechts- oder Linksverschiebungen im Register bzw. Registerpaar, SLL (Shift Left Single Logical), SRL (Shift Right Single Logical), SLDL (Shift Left Double Logical), SRDL (Shift Right Double Logical)

Befehlsformat:

Op	R1	R3	B2	D2
0	7 8	11 12	15 16	19 20 31

Befehlstyp: RS für alle aufgeführten Befehle
Operationscode: SLL: $89_{(16)}$
SRL: $88_{(16)}$
SRDL: $8C_{(16)}$
SLDL: $8D_{(16)}$

Der Inhalt von Register R1, bei „Verschiebe-doppelt-Befehlen" von R1 und R1+1 (R1 geradzahlig), wird um so viele Stellen verschoben, wie die Verschiebezahl (die sechs niederwertigen Bits von D2/B2) angibt. Von rechts oder links werden Nullen nachgezogen; aus Registern hinausgeschobene Bits gehen verloren. Anzeigen werden nicht gesetzt.

Assemblerschreibweisen: SLL |Register1,Verschiebezahl
SLL |Register1,D2(B2)

Für andere Operationscodes gilt die gleiche Schreibweise.

Beispiele:

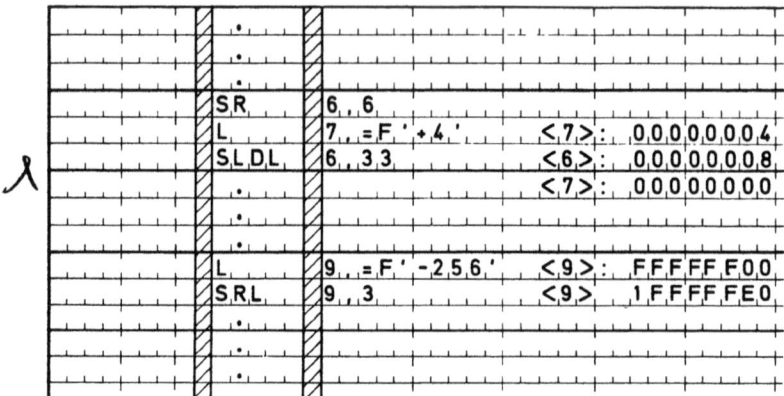

12.2.3. Registerladebefehle

12.2.3.1. Register laden und Inhalt prüfen, LTR (Load and Test Register)

Befehlsformat:

Op	R1	R2
0	7 8 11 12	15

Befehlstyp: RR
Operationscode: $12_{(16)}$

Der Operand 2 (Inhalt des MZR R2) wird in das MZR R1 geladen.

Anzeige: 0 Das Ergebnis ist 0.
         1 Das Ergebnis ist kleiner als 0.
         2 Das Ergebnis ist größer als 0.
         3 Nicht verwendet.

Assemblerschreibweise: LTR |Register1,Register2

Beispiele:

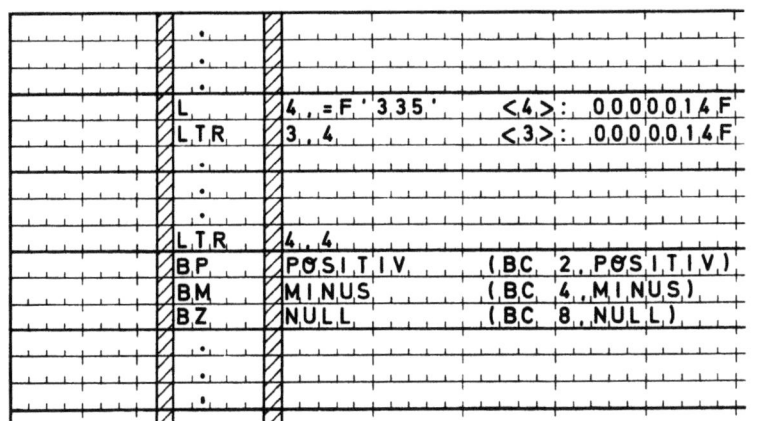

12.2.3.2. Register positiv laden, LPR (Load Positive Register)

Befehlsformat:

Op	R1	R2
0	7 8 11 12	15

Befehlstyp: RR
Operationscode: $10_{(16)}$

Der Inhalt des MZR R2 wird, falls er positiv ist, unverändert in das MZR R1 geladen; ist er jedoch negativ, wird das Zweierkomplement übernommen.

Anzeige: 0 Das Ergebnis ist gleich 0.
1 Nicht verwendet.
2 Das Ergebnis ist größer als 0.
3 Es ist Festpunktüberlauf eingetreten.

Assemblerschreibweise: LPR |Register1,Register2

Beispiel:

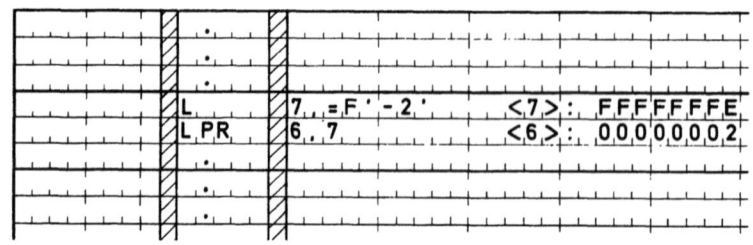

116

12.2.3.3. Register negativ laden, LNR (Load Negative Register)

Befehlsformat:

Op	R1	R2
0	7 8 11 12	15

Befehlstyp: RR
Operationscode: $11_{(16)}$

Ist der Inhalt des 2. Operanden (MZR R2) negativ, wird er unverändert, andernfalls als Zweierkomplement in das MZR R1 übernommen.

Anzeige: 0 Das Ergebnis ist gleich 0.
1 Das Ergebnis ist kleiner als 0.
2 Nicht verwendet.
3 Nicht verwendet.

Assemblerschreibweise: LNR |Register1,Register2

Beispiel:

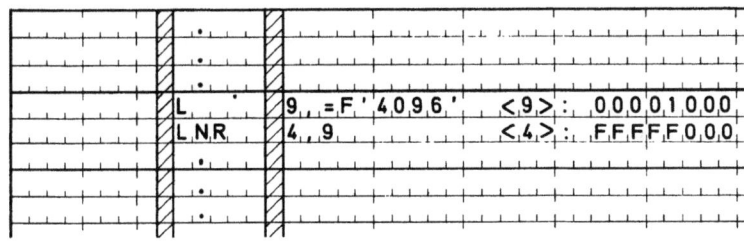

117

12.2.3.4. Laden eines Komplements in ein Register, LCR (Load Complement Register)

Befehlsformat:

Op	R1	R2
0	7 8 11 12	15

Befehlstyp: RR
Operationscode: $13_{(16)}$

Das Zweierkomplement von Operand 2 (MZR R2) wird in das MZR R1 geladen.

Anzeige: 0 Das Ergebnis ist gleich 0.
1 Das Ergebnis ist kleiner als 0.
2 Das Ergebnis ist größer als 0.
3 Es ist Festpunktüberlauf eingetreten.

Assemblerschreibweise: LCR |Register1,Register2

Beispiel:

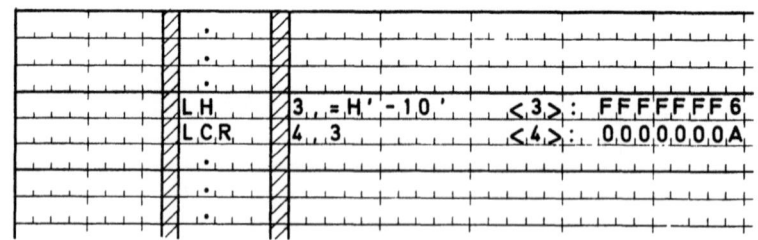

```
     LH    3,  =H'-1,0'       <3>:  FFFFFFF6
     LCR   4, 3               <4>:  0000000A
```

Festpunktüberlauf kann nur auftreten, wenn die Zahl -2^{31} komplementiert werden soll. Ist der Registerinhalt gleich 0, wird nicht komplementiert.

12.3. Logische Befehle

12.3.1. Übertragen des numerischen Halbbytes, MVN (Move Numerics)

Befehlsformat:

Op	L	B1	D1	B2	D2
0	7 8	15 16	19 20	31 32	35 36 47

Befehlstyp: SS
Operationscode: $D1_{(16)}$

Die 4 niederwertigen Bits jedes Bytes (Ziffernfeld) von Operand 2 (B2/D2) werden in die entsprechenden Bits der Bytes von Operand 1 (B1/D1) von links nach rechts übertragen. Es wird keine Anzeige gesetzt.

Assemblerschreibweisen: MVN |Adresse1,Adresse2
                        MVN |D1(L,B1),D2(B2)

Beispiel:

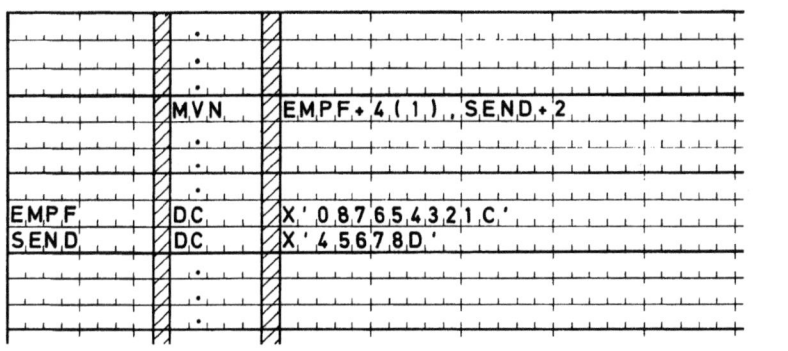

Nach der Operation steht im Empfangsfeld (Adresse EMPF):
X'087654321D'.

12.3.2. Übertragen von mehr als 256 Zeichen, MVCL (Move Long Characters)

Befehlsformat:

```
| Op | R1 | R2 |
0    7 8  11 12 15
```

Befehlstyp: RR
Operationscode: $OE_{(16)}$

Mit diesem Befehl wird der Inhalt eines Hauptspeicherfeldes (Operand 2) in ein anderes Feld (Operand 1) übertragen. Es wird jeweils ein Mehrzweckregisterpaar (R1 und R1+1, R2 und R2+1) adressiert, das die zur Übertragung benötigten Angaben enthält. R1 und R2 müssen geradzahlig sein. Es gilt folgende Zuordnung:

```
R1   | 00000000 | ZIELFELDADRESSE
R1+1 | 00000000 | ZIELFELDLÄNGE
       0      7 8                31

R2   | 00000000   | URSPRUNGSFELDADRESSE
R2+1 | FÜLLZEICHEN| URSPRUNGSFELDLÄNGE
       0        7 8               31
```

Die Bits 0 bis 7 von R1, R1+1 und R2 werden ignoriert. Das Ursprungsfeld wird byteweise in der Länge des Zielfeldes von links nach rechts in das Zielfeld übertragen. Ist die Ursprungsfeldlänge kleiner als die Zielfeldlänge, so werden die verbleibenden Bytes des Zielfeldes mit dem Füllzeichen aufgefüllt. Vor Beginn der Befehlsausführung wird geprüft, ob sich Ursprungs- und Zielfeld ungültig überlappen. Das ist dann der Fall, wenn ein Teil des Zielfeldes selbst als Ursprungsfeld dient, nachdem bereits Daten aus dem Ursprungsfeld in diesen Teil übertragen wurden.

Anzeige: 0 Zielfeldlänge und Ursprungsfeldlänge sind gleich.
          1 Die Zielfeldlänge ist kleiner als die Ursprungsfeldlänge.
          2 Die Zielfeldlänge ist größer als die Ursprungsfeldlänge.
          3 Es erfolgte keine Übertragung wegen ungültiger Überlappung.

Assemblerschreibweise: MVCL |Register1,Register2

Beispiel:

```
            LA      8,,EMPF
            LA      9,,300
            LA      6,,BER
            LA      7,,290

            MVCL    8,,6

*  EINSETZEN EINES FUELLZEICHENS

            ICM     7,,8,,FZ        ICM  S,,12,,3,,8

FZ          DC      '*'
```

Enthielt das Feld bei der Adresse BER vor der Operation 290 Zwischenräume (X'40'), dann werden diese Bytes linksbündig in das Empfangsfeld übertragen und die letzten 10 Bytes mit Sternen (C'*') aufgefüllt.

12.3.3. Die ODER-Verknüpfung, Or, OR, O, OC, OI

OR Befehlsformat:

Op	R1	R2
0	7 8	11 12 15

Befehlstyp: RR
Operationscode: 16₍₁₆₎

O Befehlsformat:

Op	R1	X2	B2	D2
0	7 8	11 12	15 16	19 20 31

Befehlstyp: RX
Operationscode: 56₍₁₆₎

OI Befehlsformat:

Op	I2	B1	D1
0	7 8	15 16	19 20 31

Befehlstyp: SI
Operationscode: 96₍₁₆₎

OC Befehlsformat:

Op	L	B1	D1	B2	D2
0	7 8	15 16	19 20	31 32 35 36	47

Befehlstyp: SS
Operationscode: D6₍₁₆₎

Diese Befehle bewirken eine bitweise logische Verknüpfung zweier Operanden gemäß den folgenden Regeln:

Bit im ersten Operanden	Bit im zweiten Operanden	Bit im Ergebnis
0	0	0
0	1	1
1	0	1
1	1	1

Das Ergebnis steht im ersten Operanden und bestimmt die Anzeige.

Anzeige: 0 Das Ergebnis ist gleich 0.
         1 Das Ergebnis ist ungleich 0.
         2 Nicht verwendet.
         3 Nicht verwendet.

Assemblerschreibweisen: OR |Register1,Register2
O |Register1,Adresse2
OC |Adresse1,Adresse2
OC |D1(L,B1),D2(B2)
OI |Adresse1,Direktoperand
OI |D1(B1),Direktoperand

Beispiel:

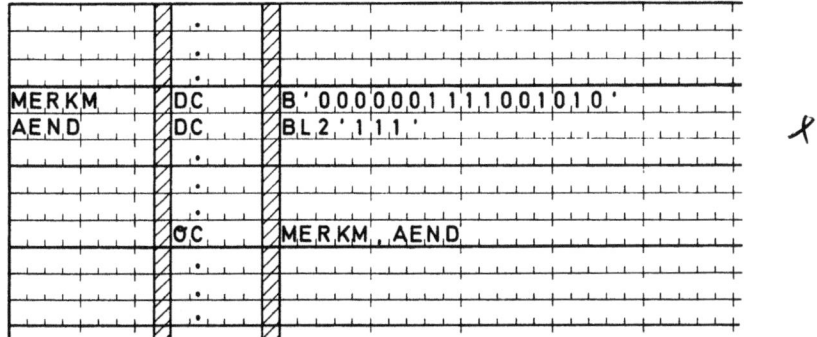

Der Feldinhalt bei der Adresse MERKM nach der Verknüpfung ist folgender: B'0000001111001111' oder X'03CF'.

12.3.4. Die UND-Verknüpfung, And, NR, N, NC, NI

NR Befehlsformat:

Op	R1	R2
0	7 8	11 12 15

Befehlstyp: RR
Operationscode: $14_{(16)}$

N Befehlsformat:

Op	R1	X2	B2	D2
0	7 8	11 12	15 16	19 20 31

Befehlstyp: RX
Operationscode: $54_{(16)}$

NI Befehlsformat:

Op	I2	B1	D1
0	7 8	15 16	19 20 31

Befehlstyp: SI
Operationscode: $94_{(16)}$

NC Befehlsformat:

Op	L	B1	D1	B2	D2
0	7 8	15 16	19 20	31 32	35 36 47

Befehlstyp: SS
Operationscode: $D4_{(16)}$

Diese Befehle bewirken eine bitweise Verknüpfung von zwei Operanden nach den Regeln des „logischen UND".

Bit im ersten Operanden	Bit im zweiten Operanden	Bit im Ergebnis
0	0	0
0	1	0
1	0	0
1	1	1

Das Ergebnis steht im ersten Operanden und bestimmt die Anzeige.

Anzeige: 0 Das Ergebnis ist gleich 0.
         1 Das Ergebnis ist ungleich 0.
         2 Nicht verwendet.
         3 Nicht verwendet.

Assemblerschreibweisen: NR |Register1,Register2
                              N |Register1,Adresse2
                              NC |Adresse1,Adresse2
                              NC |D1(L,B1),D2(B2)
                              NI |Adresse1,Direktoperand
                              NI |D1(B1),Direktoperand

Beispiel:

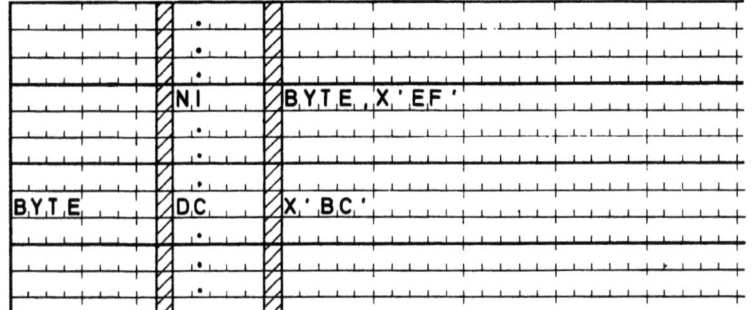

Nach der Operation steht im Feld mit der Adresse BYTE: X'AC'.

12.3.5. Die Ausschließendes-ODER-Verknüpfung, Exclusive Or, XR, X, XC, XI

XR Befehlsformat:

Op	R1	R2
0	7 8	11 12 15

Befehlstyp: RR
Operationscode: $17_{(16)}$

X Befehlsformat:

Op	R1	X2	B2	D2
0	7 8	11 12	15 16 19 20	31

Befehlstyp: RX
Operationscode: $57_{(16)}$

XI Befehlsformat:

Op	I2	B1	D1
0	7 8	15 16 19 20	31

Befehlstyp: SI
Operationscode: $97_{(16)}$

XC Befehlsformat:

Op	L	B1	D1	B2	D2
0	7 8	15 16 19 20	31 32 35 36		47

Befehlstyp: SS
Operationscode: $D7_{(16)}$

Diese Befehle verknüpfen Bits nach den Regeln des „logischen ausschließenden ODER".

Bit im ersten Operanden	Bit im zweiten Operanden	Bit im Ergebnis
0	0	0
0	1	1
1	0	1
1	1	0

Das Ergebnis im ersten Operanden bestimmt die Anzeige.

Anzeige: 0 Das Ergebnis ist gleich 0.
          1 Das ergebnis ist ungleich 0.
          2 Nicht verwendet.
          3 Nicht verwendet.

Assemblerschreibweisen: XR |Register1,Register2
                        X |Register1,Adresse2
                        XC |Adresse1,Adresse2
                        XC |D1(L,B1),D2(B2)
                        XI |Adresse1,Direktoperand
                        XI |D1(B1),Direktoperand

Beispiel:

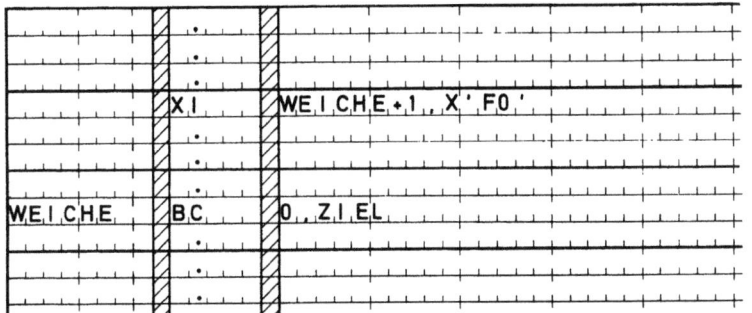

Mit dem Befehl XI wird die Weiche so verändert, daß zur Adresse ZIEL verzweigt wird, falls die Maske vorher den Wert 0 hatte. Wenn der Befehl erneut verarbeitet wird, ergibt die Verknüpfung wieder den Maskenwert 0, es wird also nicht verzweigt (Wechsel zwischen unbedingtem Sprung und einer Nulloperation).

12.3.6. Testen mit einer Maske, TM (Test under Mask)

Befehlsformat:

Op	I2	B1	D1
0	7 8	15 16	19 20	31

Befehlstyp: SI
Operationscode: $91_{(16)}$

Die Bits des ersten Operanden B1/D1, die von der Maske (I2) ausgewählt sind, bestimmen die Anzeige. Die 8 Bits der Maske sind Bit für Bit den 8 Bits des ersten Operanden zugeordnet. Hat ein Maskenbit den Wert 1, so wird das entsprechende Bit im ersten Operanden getestet. Maskenbits mit dem Wert 0 bleiben unberücksichtigt. Die Operanden werden nicht verändert.

Anzeige: 0 Alle getesteten Bits haben den Wert 0.
         1 Die getesteten Bits haben den Wert 0 und 1.
         2 Nicht verwendet.
         3 Alle getesteten Bits haben den Wert 1.

Assemblerschreibweisen: TM |Adresse1,Direktoperand
                                      TM |D1(B1),Direktoperand

Beispiele:

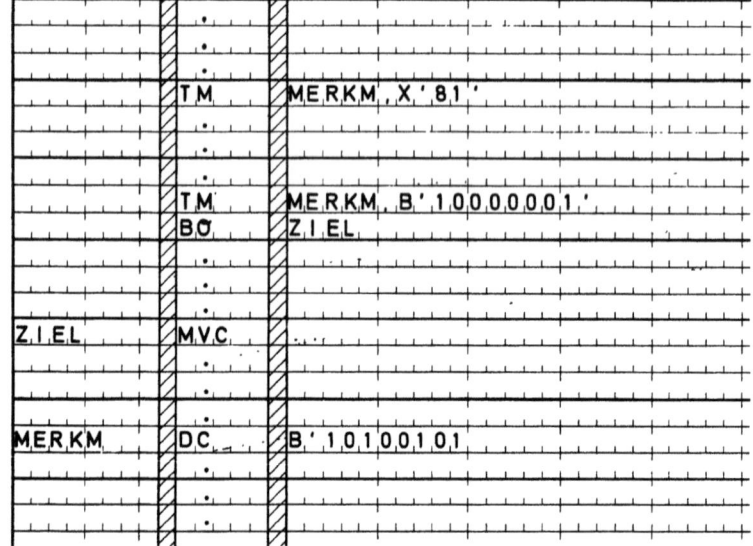

Die Bits 2^7 und 2^0 im Feld mit der Adresse MERKM werden durch die Maske des TM-Befehls geprüft.

12.3.7. Einsetzen eines Zeichens in ein Register, IC (Insert Character)

Befehlsformat:

Op	R1	X2	B2	D2
0	7 8	11 12	15 16	19 20 31

Befehlstyp: RX
Operationscode: $43_{(16)}$

Das durch die Adresse D2/X2/B2 angesprochene Byte wird in die Bitpositionen 24 bis 31 des MZR R1 geladen; die restlichen Bits bleiben unverändert. Es wird keine Anzeige gesetzt.

Assemblerschreibweisen: IC |Register1,Adresse2
                         IC |Register1,D2(X2,B2)

Beispiel:

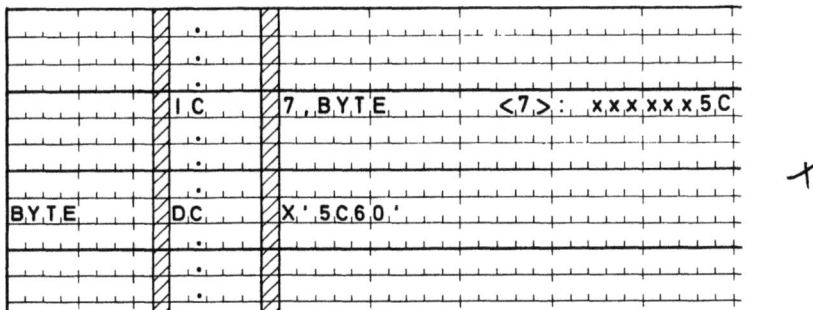

```
            IC      7,,BYTE           <7>:   x,x,x,x,x,x,5,C

BYTE        DC      X',5C,60,'
```

12.3.8. Einsetzen von Zeichen in ein Register in Abhängigkeit von einer Maske, ICM (Insert Character under Mask)

Befehlsformat:

Op	R1	M3	B2	D2
0	7 8	11 12	15 16	19 20 31

Befehlstyp: RS
Operationscode: $BF_{(16)}$

In das MZR R1 werden unter der Steuerung einer Maske Bytes aus dem zweiten Operanden (D2/B2) eingesetzt, und zwar so viele wie die Maske Einsen enthält. Die Bits in der Maske bezeichnen das Byte im Register, in das der Feldinhalt – beginnend bei der Adresse des zweiten Operanden – eingesetzt werden soll. Das Maskenbit 2^3 wählt die Bits 0 bis 7, 2^2 die Bits 8 bis 15, 2^1 die Bits 16 bis 23 und 2^0 die Bits 24 bis 31 des Registers aus.

Anzeige: 0 Alle eingesetzten Bytes oder die Masken sind gleich 0.
        1 Das erste Bit des eingesetzten Feldes ist gleich 1.
        2 Das erste Bit des eingesetzten Feldes ist gleich 0.
        3 Nicht verwendet.

Assemblerschreibweisen: ICM |Register1,Maske,Adresse2
                        ICM |Register1,Maske,D2(B2)

Beispiel:

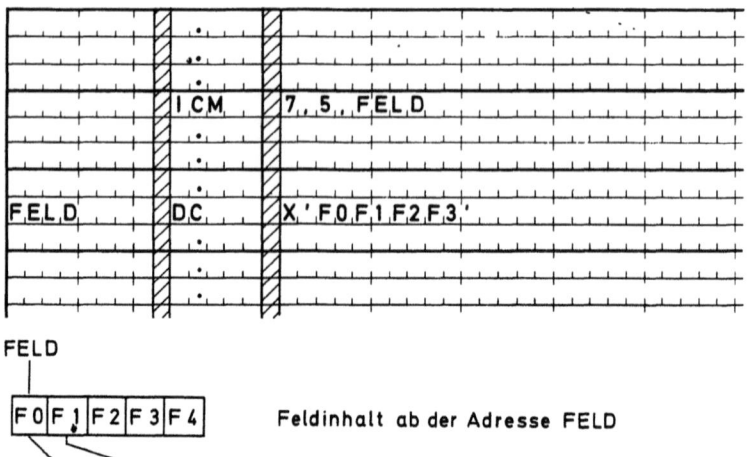

```
        ICM   7,5,FELD

FELD    DC    X'F0F1F2F3'
```

FELD
| F0 | F1 | F2 | F3 | F4 |

Feldinhalt ab der Adresse FELD

| xx | F0 | xx | F1 |

Inhalt des MZR 7 nach der Operation

| 0 | 1 | 0 | 1 |

Auswahl der Registerbytes durch den Maskenwert (im Beispiel 5)

12.3.9. Speichern eines Zeichens, STC (Store Character)

Befehlsformat:

Op	R1	X2	B2	D2
0	7 8	11 12	15 16	19 20 31

Befehlstyp: RX
Operationscode: $42_{(16)}$

Das niederwertige Byte des MZR R1 (Bitpositionen 24 bis 31) wird ab der Adresse des zweiten Operanden (D2/X2/B2) gespeichert. Anzeigen werden nicht gesetzt.

Assemblerschreibweisen: STC |Register1,Adresse2
                                 STC |Register1,D2(X2,B2)

Beispiel:

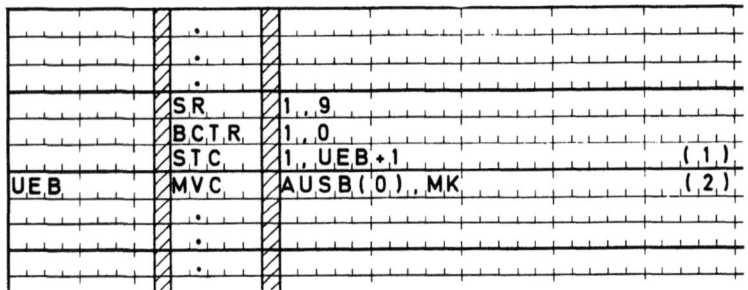

(1) Die im Register 1 errechnete Länge wird im Längenbyte des nachfolgenden MVC-Befehls eingesetzt.
(2) Die (formale) Länge 0 wird durch die jeweils aktuelle ersetzt.

12.3.10. Speichern von Zeichen in Abhängigkeit von einem Maskeninhalt, STCM (Store Character under Mask)

Befehlsformat:

Op	R1	M3	B2	D2
0	7 8	11 12	15 16	19 20 31

Befehlstyp: RS
Operationscode: $BE_{(16)}$

Es werden die Bytes aus dem Register bei der Adresse des zweiten Operanden (D2/B2) abgespeichert, die durch die Maskenbits ausgewählt sind. Anzeigen setzt dieser Befehl nicht.

Assemblerschreibweisen: STCM |Register1,Maske,Adresse2
                       STCM |Register1,Maske,D2(B2)

Beispiel:

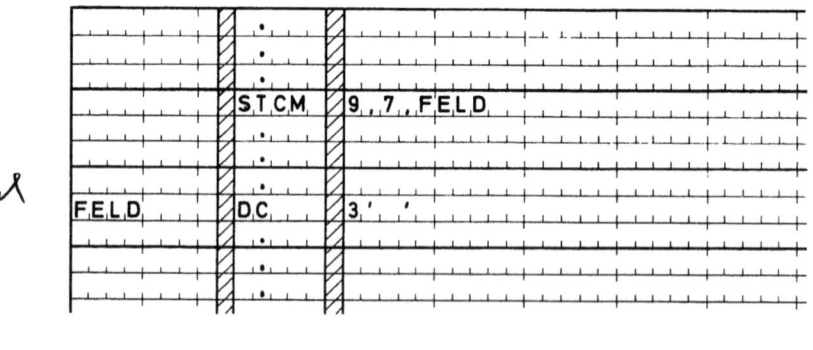

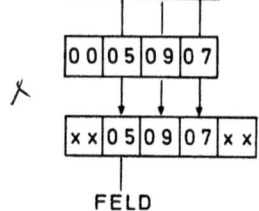

Maske für die Byteauswahl

Inhalt des MZR 9

Feldinhalt ab der Adresse FELD nach der Operation

12.3.11. Logischer Zeichenvergleich in Abhängigkeit von einem Maskeninhalt, CLM (Compare Logical under Mask)

Befehlsformat:

Op	R1	M3	B2	D2
0	7 8	11 12	15 16	19 20 31

Befehlstyp: RS
Operationscode: BD$_{(16)}$

Es werden die durch die Maske bezeichneten Bytes im Register mit den Bytes ab der Operandenadresse D2/B2 verglichen. Die Anzahl der Einsen in der Maske bestimmt die Länge des Vergleichs. Die Operanden werden als vorzeichenlose Binärzahlen aufgefaßt. Der Vergleich erfolgt von links.

Anzeige: 0 Alle ausgewählten Bytes sind gleich oder die Maske ist gleich 0.
 1 Die im Register R1 ausgewählten Bytes sind kleiner als der Operand 2.
 2 Die im Register R1 ausgewählten Bytes sind größer als der Operand 2.
 3 Nicht verwendet.

Assemblerschreibweisen: CLM |Register1,Maske,Adresse2
 CLM |Register1,Maske,D2(B2)

Beispiel:

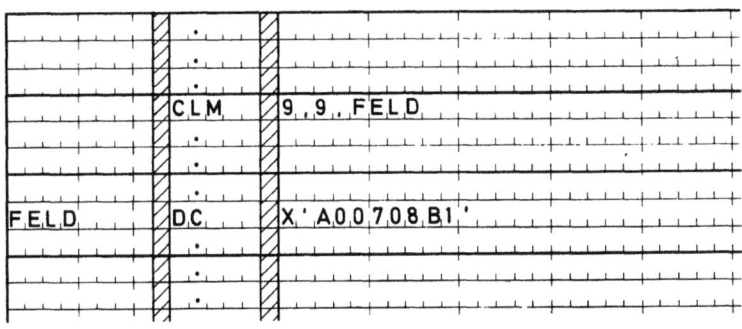

Inhalt MZR 9: 000700B1$_{(16)}$
Die Maske 1001$_{(2)}$ (dezimal 9) wählt im MZR 9 den Inhalt X'00B1' aus. Der Vergleich erfolgt mit den beiden ersten Bytes ab der Adresse FELD (X'A007'). Die Anzeige 1 wird gesetzt.

12.3.12. Aufbereiten von Dezimalzahlen zur Ausgabe, EDMK (Edit and Mark)

Befehlsformat:

Op	L	B1	D1	B2	D2	
0	7 8	15 16	19 20	31 32	35 36	47

λ

Befehlstyp: SS
Operationscode: DF$_{(16)}$

Die durch die zweite Adresse B2/D2 bestimmte Dezimalzahl wird entpackt und mit den Zeichen einer Aufbereitungsmaske zur Ausgabe bereitgestellt. Das Ergebnis der Aufbereitung ersetzt die durch die erste Adresse (B1/D1) angegebene Maske. Die Adresse der ersten von 0 verschiedenen Ziffer des Ergebnisses wird im MZR 1 gespeichert, wenn der Markierschalter nicht durch das Steuerzeichen X'21' in 1-Stellung gebracht wurde. Die 8 höherwertigen Bits des MZR 1 bleiben unverändert.

Anzeige: 0 Das Sendefeld hat den Wert 0, der Markierschalter ist in der Stellung 0 oder 1.
        1 Das Ergebnisfeld hat einen von 0 verschiedenen Wert, und der Markierschalter befindet sich in 1-Stellung (d.h. im Sendefeld wurde ein negatives Vorzeichen gefunden).
        2 Das Ergebnisfeld hat einen von 0 verschiedenen Wert, und der Markierschalter ist in 0-Stellung (das Vorzeichen ist positiv).
        3 Nicht verwendet.

Assemblerschreibweisen: EDMK |Adresse1,Adresse2
                                  EDMK |D1(L,B1),D2(B2)

Beispiele: vgl. Kap. 2.

12.3.13. Umsetzen und Testen von Datenfeldern, TRT
(Translate and Test)

Befehlsformat:

Op	L	B1	D1	B2	D2
0	7 8	15 16	19 20	31 32	35 36 47

Befehlstyp: SS
Operationscode: $DD_{(16)}$

Der durch die Adresse B1/D1 genannte erste Operand wird als Feld der Argumentbytes bezeichnet. Der zweite Operand ist eine Umsetztabelle mit sogenannten Funktionsbytes. Der Operand 1 wird byteweise von links verarbeitet. Die binäre Summe aus der Tabellenanfangsadresse und einem Argumentbyteinhalt adressiert ein Funktionsbyte in der Tabelle, das auf binär 0 geprüft wird. Die Prüfung ist beendet, wenn entweder die Länge des Argumentfeldes abgearbeitet ist oder ein Funktionsbyte ungleich 0 adressiert wurde. Die Adresse des Arguments, das ein Funktionsbyte ungleich 0 bezeichnet, wird im MZR 1 zur Verfügung gestellt. Das MZR 2 enthält dann in den niederwertigen Bits das Funktionsbyte. Die Operanden bleiben unverändert.

Anzeige: 0 Alle adressierten Funktionsbytes waren binäre Nullen.
        1 Ein Byte war ungleich 0, bevor der erste Operand abgearbeitet war.
        2 Das letzte Argument im ersten Operanden adressierte ein Funktionsbyte ungleich 0.
        3 Nicht verwendet.

Assemblerscheibweisen: TRT |Adresse1,Adresse2
                             TRT |D1(L,B1),D2(B2)

Beispiele: vgl. Kap. 8.

12.4. Sprungbefehle

12.4.1. Springen in Abhängigkeit vom Registerinhalt, BCT, BCTR (Branch on Count)

BCTR Befehlsformat:

Op	R1	R2
0	7 8	11 12 15

Befehlstyp: RR
Operationscode: $06_{(16)}$

BCT Befehlsformat:

Op	R1	X2	B2	D2
0	7 8	11 12	15 16	19 20 31

Befehlstyp: RX
Operationscode: $46_{(16)}$

Die Befehle bewirken eine Subtraktion einer 1 im MZR R1. Ist das Ergebnis ungleich 0, wird zur Zieladresse verzweigt. Im anderen Fall wird das Programm mit dem nächsten Befehl fortgesetzt. Wenn man im BCTR-Befehl für R2 das Register 0 angibt, erfolgt zwar die Subtraktion in R1, es wird jedoch kein Sprung ausgeführt. Die Befehle setzen keine Anzeige.

Assemblerschreibweisen: BCTR |Register1,Register2
                         BCT |Register1,Adresse2
                         BCT |Register1,D2(X2,B2)

Beispiele:

```
ADD       LH      4,=H'20'
          AP      ....

          BCT     4,ADD
          MVC     ....

          BCTR    4,0
          CH      4,=H'0'
          BNE     ADD2
ADD2      AP      ....
```

12.4.2. Springen wenn der Index größer als ein Vergleichswert ist, BXH (Branch on Index High)

Befehlsformat:

Op	R1	R3	B2	D2
0	7 8	11 12	15 16	19 20 31

Befehlstyp: RS
Operationscode: $86_{(16)}$

Der Inhalt von MZR R3 wird zum Inhalt des MZR R1 addiert. Die Summe im MZR R1 und der Inhalt des MZR R3+1 werden anschließend verglichen (R3 geradzahlig). Ist die Summe größer als der Vergleichswert, erfolgt der Sprung zur Zieladresse. Im anderen Fall wird das Programm mit dem nächsten Befehl fortgesetzt. Der Befehl setzt keine Anzeige.

Assemblerschreibweisen: BXH |Register1,Register3,Adresse2
                                   BXH |Register1,Register3,D2(B2)

Beispiele: vgl. Kap. 6.

12.4.3. Springen wenn der Index kleiner als oder gleich einem Vergleichswert ist, BXLE (Branch on Index Low or Equal)

Befehlsformat:

Op	R1	R3	B2	D2
0	7 8	11 12	15 16	19 20 31

Befehlstyp: RS
Operationscode: $87_{(16)}$

Der Inhalt von MZR R3 wird zum Inhalt von MZR R1 addiert. Anschließend erfolgt der Vergleich der Summe im MZR R1 mit dem Inhalt des MZR R3+1 (R3 geradzahlig). Solange die Summe kleiner oder höchstens gleich dem Vergleichswert ist, wird zur Zieladresse verzweigt. Im anderen Fall wird das Programm mit dem nächsten Befehl fortgesetzt. Der Befehl setzt keine Anzeigen.

Assemblerschreibweisen: BXLE |Register1,Register3,Adresse2
                                   BXLE |Register1,Register3,D2(B2)

Beispiele: vgl. Kap. 6.

12.4.4. Ausführen eines modifizierten Befehls, EX (Execute)

Befehlsformat:

Op	R1	X2	B2	D2
0	7 8	11 12	15 16	19 20 31

Befehlstyp: RX
Operationscode: $44_{(16)}$

Der Befehl, der durch die Adresse D2/X2/B2 bestimmt ist, wird durch den Inhalt des MZR R1 modifiziert. Der modifizierte Befehl wird ausgeführt und anschließend das Programm mit dem auf den EX-Befehl folgenden Befehl fortgesetzt. Die Modifikation ist eine ODER-Verknüpfung der Bitstellen 8 bis 15 des auszuführenden Befehls mit den Bits 24 bis 31 im Register R1. Die Modifikation erfolgt im Rechenwerk, so daß der aufgerufene, außerhalb der Befehlsfolge definierte Befehl immer wieder in seiner Erstformulierung zur Verfügung steht. Der Inhalt des MZR R1 ändert seinen Inhalt ebenfalls nicht. Die Anzeigen ergeben sich durch die aufgerufenen Befehle.

Assemblerschreibweisen: EX |Register1,Adresse2
                        EX |Register1,D2(X2,B2)

Beispiele: vgl. Kap. 9.

12.5. Makroaufrufe

Makros sind vorgefertigte Programmroutinen. Sie sind Bestandteil der Ein-/Ausgabesoftware des Betriebssystems. Sie dienen hier der Dateinoder ausgabe und zur Steuerung peripherer Geräte (vgl. Kapitel 3).

12.5.1. Anlegen eines Dateisteuerblocks, FCB

Mit dem Makroaufruf FCB (File Control Block) werden die Eigenschaften der Datei beschrieben, insbesondere die Art der Verarbeitung. Der Speicherplatz (Adresse) für die Datensätze wird genannt.

Name	Operation	Operanden
Symbol. Adresse	FCB	FCBTYPE = SAM, $\text{DEVICE} = \left\{ \begin{matrix} \text{READER} \\ \text{PRINTER} \end{matrix} \right\}$, $\text{DEVADDR} = \left\{ \begin{matrix} \text{RDR} \\ \text{LST} \end{matrix} \right\}$, BLKSIZE = n, RECSIZE = n, $\text{RECFORM} = \left\{ \begin{matrix} \text{F} \\ \text{V} \end{matrix} \right\}$, IOAREA1 = Name, $\text{EXIT} = \left\{ \begin{matrix} \text{Name} \\ \text{(Name)} \end{matrix} \right\}$

Die Parameter (Operandenfeld) werden, bis auf den letzten, durch Kommata abgeschlossen. Eine Codierzeile kann beliebig viele Parameter aufnehmen. Fortsetzungszeilen erfordern in Spalte 72 des Assemblerformulars ein Fortsetzungszeichen. Die Operanden – Reihenfolge beliebig – haben folgende Bedeutung:

FCBTYPE = SAM

Durch diesen Parameter wird die Zugriffsmethode festgelegt. Im Codierpraktikum wird nur mit SAM-Dateien (Serial Access Methode) gearbeitet.

BLKSIZE = n

Die Zahl n bezeichnet die Größe eines Datenblockes. n ist die Anzahl der höchstens zu übertragenden Bytes. Ein Block ist die physikalische Datenmenge, die durch *eine* Ein-/Ausgabeoperation behandelt wird, z. B. ein Magnetbandblock. Logisch zusammenhängende Datenbytes werden als logische Sätze bezeichnet, z. B. alle Daten, die aus Sicht der Verarbeitung zu einer Person oder Sache gehören. Ein Block besteht meist aus mehreren Sätzen. Satz=Block ist ein Sonderfall (vgl. Codier-Praktikum Kapitel 11).

RECSIZE = n

Die Zahl n bezeichnet die Satzgröße in Bytes. Für den Fall Satz=Block ist dieser Eintrag im FCB-Makro nicht notwendig.

$$\text{RECFORM} = \left\{ \begin{matrix} F \\ V \end{matrix} \right\}$$

F steht bei Sätzen fester Länge, V bei variabel langen Sätzen. Die geschweifte Klammer wird üblicherweise für die Auswahl von Parametern benutzt; eine der beiden Angaben muß geschrieben werden. Bei V ist die maximale Satzlänge relevant.

IOAREA1 = Name

Dieser Eintrag gibt die symbolische Adresse eines Ein- oder Ausgabebereichs an. Der Bereich muß in der Größe von BLKSIZE definiert werden.

$$\text{DEVICE} = \left\{ \begin{matrix} \text{READER} \\ \text{PRINTER} \end{matrix} \right\}$$

Damit wird das Lesegerät bzw. Druckertyp festgelegt.

DEVADDR = Name

Dieser Eintrag gibt den symbolischen Gerätenamen an, welcher der Datei zugeordnet ist (vgl. Kapitel 3.2.), z. B. RDR für eine Dateneingabe, LST für die Ausgabe.

$$\text{EXIT} = \left\{ \begin{matrix} \text{Name} \\ \text{(Name)} \end{matrix} \right\}$$

Der Parameter erlaubt Programmverzweigungen in unterschiedliche Fehlerbehandlungsroutinen bzw. zu Adressen, die der Dateiendebehandlung dienen (End of File und andere). Der angegebene Name verweist auf die Adresse des EXLST-Makros, wo die Fälle unterschieden werden können. Bei einer in Klammern geschriebenen Verzweigungsadresse wird sofort dorthin gesprungen (vgl. Kapitel 3.2.).

12.5.2. Datei eröffnen, OPEN

Mit diesem Aufruf wird eine Datei für das Benutzerprogramm zur Verarbeitung freigegeben.

Name	Operation	Operanden
Symbol. Adresse o. leer	OPEN	Symbol. Adresse des zugehörigen FCB-Makros (fcb-name)

Der Bezug zur gewünschten Datei und deren Eigenschaften wird hergestellt.

12.5.3. Datei abschließen, CLOSE

Dieser Makroaufruf sperrt eine Datei, die vorher zur Verarbeitung durch ein Programm freigegeben war. Die Datei wird vom Programm abgekoppelt und steht damit für andere Anforderungen zur Verfügung.

Name	Operation	Operanden
Symbol. Adresse o. leer	CLOSE	fcb-name

12.5.4. Lesen (Bereitstellen) des jeweils nächsten Satzes, GET

Der nächste Satz, der zur Verarbeitung durch das Programm benötigt wird, steht im Eingabebereich (IOAREA1) bereit.

Name	Operation	Operanden
Symbol. Adresse o. leer	GET	fcb-name

Wird während der Ausführung des GET-Makros Dateiende erkannt, wird automatisch zur Adresse verzweigt, die im EXIT-Parameter des FCB-Makros angegeben ist: EXIT=(Name).

12.5.5. PUT – Ausgeben eines Satzes

Der in der IOAREA1 (Adresse im FCB-Makro) vom Programm aufgebaute Satz wird den Ausgaberoutinen des DVS übergeben.

Name	Operation	Operanden
Symbol. Adresse o. leer	PUT	fcb-name

12.5.6. Steuern eines Gerätes, CNTRL (Control)

Mit diesem Makro können periphere Geräte gesteuert werden, z.B. Vorsetzen um einen Abschnitt beim Magnetband. Im Codier-Praktikum (vgl. Kapitel 11) wird der Makro in der folgenden Form zum Aufbau des gewünschten Formularbildes beim Drucken verwendet.

Name	Operation	Operanden
Symbol. Adresse o. leer	CNTRL	fcb-name), $\left\{ {SK \atop SP} \right\}$, [n] [,m]

fcb-name, die Adresse des FCB-Makros, stellt die Verbindung zur Ausgabedatei her. Die anderen Angaben steuern den Papiervorschub folgendermaßen:
SP: Zeilenvorschub um n bzw. m Zeilen (max. 15)
SK: Formularvorschub für die Spur Nr. n bzw. m, bis der nächste Haltepunkt gefunden wird
n: gilt für Vorschübe vor dem Drucken
m: muß bei Vorschüben nach dem Drucken geschrieben werden

12.5.7 Der TYPE-Makroaufruf für die Mitteilung an den Bedienplatz

Mit diesem Makroaufruf kann ein Benutzerprogramm eine längere Nachricht an den Bedienplatz ausgeben und wahlweise eine Antwort des Bedieners verlangen.

Format: Name |TYPE |Name1[,n][,Name2][,m]

Name1 ist die Adresse eines Bereichs, in dem ein maximal 127 Zeichen langer Text zur Ausgabe an den Bedienplatz definiert ist. Für Name1 kann jedoch auch der auszugebende Text direkt angegeben werden; er ist dann in Hochkommata einzuschließen. Der wahlweise Eintrag Name2 ist die Adresse eines Feldes, wenn auf eine maximal 72 Zeichen lange Antwort des Operateurs gewartet werden soll. Fehlt dieser Eintrag, so wird das Benutzerprogramm nicht angehalten. Der nächste Befehl soll dann der Aufruf COMTY sein, der keine Operandenangaben verlangt und bewirkt, daß alle Bedienplatzmeldungen eines Programms vollständig ausgegeben sind, bevor das Programm fortgesetzt wird. Dadurch ist sichergestellt, daß Meldungen während der verhältnismäßig langsamen Ausgabe nicht durch folgende verändert werden. Mit den Angaben „n" und „m" ist die Länge der auszugebenden Nachricht modifizierbar (Dezimalangabe).

Beispiele:

	TYPE	'FALSCHE SATZART.'
	COMTY	
	TYPE	NACHR, ANTW
NACHR	DC	'BANDWECHSEL.'
ANTW	DS	L5
	TYPE	EBER, 9
	COMTY	
EBER	DC	'BEACHTE X UND AENDERE Y.'

12.6. Befehlsübersicht

Format	Operanden
OP R1 R2	R1,R2
OP R1 X2 B2 D2	R1,D2(X2,B2) / R1,S2(X2) / R1,S2
OP R1 R3 B2 D2	R1,R3,D2(B2) / R1,R3,S2 / R1,Z (Z=Verschiebezahl)
OP I2 B1 D1	D1(B1),I2 / S1,I2
OP L B1 D1 B2 D2	D1(L,B1),D2(B2) / S1(L),S2 / S1,S2
OP L1 L2 B1 D1 B2 D2	D1(L1,B1),D2(L2,B2) / S1(L1),S2(L2) / S1,S2 / S1,D2(B2),I3*

OPERATIONSRICHTUNG ⟶ ⟵

		RR	RX	RX	RS	SI	SS	SS		
	ADRESSE			LA			TR		CODE	UMSETZEN
	W, HW	LR	LH	L			TRT	7	MIT TESTEN	
LADEN	MEHRFACH				LM	TM		6	MASKE	TESTEN
	UND TESTEN	4	LTR							
	COMPLEMENT	2	LCR			MVI	MVC		ZEICHEN	
	POSITIV	10	LPR				MVN		NUMERISCH	ÜBERTRAGEN
	NEGATIV	11	LNR				MVZ		ZONE	
EINSETZEN	ZEICHEN	%		IC	ICM					
	ZEICHEN				STC	STCM	ED	4		
SPEICHERN	W, HW			STH	ST		EDMK	4	UND MARKIEREN	AUFBEREITEN
	MEHRFACH				STM					
ADDIEREN	W, HW	2	AR	AH	A		AP	2	ADDIEREN	
							ZAP	2	LÖSCH. U. ADDIEREN	
SUBTRAHIEREN	W, HW	2	SR	SH	S		SP	2	SUBTRAHIEREN	DEZIMALBEFEHLE
	LOGISCH									gepackt
MULTIPLIZIEREN	W, HW		MR	MH	M		MP		MULTIPLIZIEREN	
DIVIDIEREN	W		DR		D		DP		DIVIDIEREN	
VERGLEICHEN	ARITHMETISCH	3	CR	CH	C		CP	3	VERGLEICHEN	
	LOGISCH	8				CLM	CLI	CLC	3	LOGISCH	VERGLEICHEN
	EXCLUSIV ODER	5	XR	X		XI	XC	5	EXCLUSIV ODER	
VERKNÜPFEN	UND	5	NR	N		NI	NC	5	UND	VERKNÜPFEN
	ODER	5	OR	O		OI	OC	5	ODER	
	LINKS	2			SLA		SRP	2	VERSCHIEBEN U. RUNDEN	RUNDEN
VERSCHIEBEN	RECHTS	4			SRA					
arithmetisch	LINKS DOPPELT	2			SLDA					
	RECHTS DOPPELT	4			SRDA					
	LINKS				SLL					
VERSCHIEBEN	RECHTS				SRL					
logisch	LINKS DOPPELT				SLDL		PACK		PACKEN	
	RECHTS DOPPELT				SRDL		UNPK		ENTPACKEN	UMWANDELN
ÜBERTRAGEN	ÜBERTRAGEN LANG	1	MVCL		CVB				BINÄRFORM	
					CVD				DEZIMALFORM	
	AUSFÜHREN				EX					
	WENN X KLEINER ODER GLEICH				BXLE					
SRINGEN	WENN X GRÖSSER				BXH					
	UND SPEICHERN		BALR		BAL					
	NACH ZÄHLEN		BCTR		BCT					
	BEDINGT		BCR		BC					

ANZEIGENINDEX ⟵

ANZEIGENINDEX (siehe 12.7.)

W Wort
HW Halbwort
S1, S2 Symbolische Adressen
R1, R2, R3 Mehrzweckregister
I3 Rundungsfaktor
I2 Direktoperand

*Dieses Format gilt für den SRP-Befehl

12.7. Anzeigentabelle zur Befehlsübersicht

	0	1	2	3	Anzeige
	M-BIT = 8	M-BIT = 4	M-BIT = 2	M-BIT = 1	Stellenwert des Maskenbits
1	ZIELFELDLÄNGE und URSPRUNGS-FELDLÄNGE GLEICH	LÄNGE ZIEL < LÄNGE URSPRUNG	LÄNGE ZIEL > LÄNGE URSPRUNG	KEINE ÜBERTRAGUNG, UNGÜLTIGE ÜBERLAPPUNG	
2	ERG = 0	ERG < 0	ERG > 0	ÜBERLAUF	
3	A = B	A < B	A > B	———	
4	ERG = 0	ERG < 0	ERG > 0	———	
5	ERG = 0	ERG ≠ 0		———	
6	GEPRÜFTE BITS = 0	GEPRÜFTE BITS GEMISCHT	———	GEPRÜFTE BITS = 1	
7	ALLE FB = 0	EIN FB ≠ 0	LETZTES FB ≠ 0	———	
8	BYTES GLEICH oder MASKE = 0	BYTES von R1 < OPERAND 2	BYTES von R1 > OPERAND 2	———	
9	EINGESETZTE BYTES oder MASKE = 0	ERSTES BIT = 1	ERSTES BIT = 0	———	
10	ERG = 0	———	ERG > 0	Festpunkt-überlauf	
11	ERG = 0	ERG < 0	———	———	

ANZEIGENINDEX aus der Befehlsübersicht

A   Erster Operand
B   Zweiter Operand
FB FUNKTIONSBYTE

12.8. Erweiterter mnemotechnischer Operationscode (Tabelle der Pseudosprungbefehle)

Bei dem Befehl „Springen bedingt" (BC) wird die Sprungbedingung (Maske) im Operandenfeld angegeben. Zur Programmiererleichterung gibt es zusätzliche mnemotechnische Operationscodes, mit denen der Sprungbefehl mit der Sprungbedingung zusammen (Maske) dargestellt wird.

Erweiterter mnemotechnischer Operationscode

Code	Befehlsname	Operandenformat	entspr. BC-Befehl
B	»Springen unbedingt«	D2(X2,B2)	BC 15,D2(X2,B2)
BR	»Springen unbedingt« (RR Format)	R2	BCR 15,R2
NOP	»Nulloperation«	D2(X2,B2)	BC 0,D2(X2,B2)
NOPR	»Nulloperation« (RR Format)	R2	BCR 0,R2

Zur Benutzung nach Vergleichsbefehlen

BH	»Springen falls größer«	D2(X2,B2)	BC 2,D2(X2,B2)
BL	»Springen falls kleiner«	D2(X2,B2)	BC 4,D2(X2,B2)
BE	»Springen falls gleich«	D2(X2,B2)	BC 8,D2(X2,B2)
BNH	»Springen falls nicht größer«	D2(X2,B2)	BC 13,D2(X2,B2)
BNL	»Springen falls nicht kleiner«	D2(X2,B2)	BC 11,D2(X2,B2)
BNE	»Springen falls nicht gleich«	D2(X2,B2)	BC 7,D2(X2,B2)
BRH	»Springen falls größer« (RR Format)	R2	BCR 2,R2
BRL	»Springen falls kleiner« (RR Format)	R2	BCR 4,R2
BRE	»Springen falls gleich« (RR Format)	R2	BCR 8,R2
BRNH	»Springen falls nicht größer« (RR Format)	R2	BCR 13,R2
BRNL	»Springen falls nicht kleiner« (RR Format)	R2	BCR 11,R2
BRNE	»Springen falls nicht gleich« (RR Format)	R2	BCR 7,R2

Zur Benutzung nach arithmetischen Befehlen

BO	»Springen falls Überlauf«	D2(X2,B2)	BC 1,D2(X2,B2)
BP	»Springen falls positiv«	D2(X2,B2)	BC 2,D2(X2,B2)
BM	»Springen falls negativ«	D2(X2,B2)	BC 4,D2(X2,B2)
BZ	»Springen falls Null«	D2(X2,B2)	BC 8,D2(X2,B2)
BNP	»Springen falls nicht positiv«	D2(X2,B2)	BC 13,D2(X2,B2)
BNM	»Springen falls nicht negativ«	D2(X2,B2)	BC 11,D2(X2,B2)
BNZ	»Springen falls nicht Null«	D2(X2,B2)	BC 7,D2(X2,B2)
BRO	»Springen falls Überlauf« (RR Format)	R2	BCR 1,R2
BRP	»Springen falls positiv« (RR Format)	R2	BCR 2,R2
BRM	»Springen falls negativ« (RR Format)	R2	BCR 4,R2
BRZ	»Springen falls Null« (RR Format)	R2	BCR 8,R2
BRNP	»Springen falls nicht positiv« (RR Format)	R2	BCR 13,R2
BRNM	»Springen falls nicht negativ« (RR Format)	R2	BCR 11,R2
BRNZ	»Springen falls nicht Null« (RR Format)	R2	BCR 7,R2

Zur Benutzung nach »Testen mit Maske«

BO	»Springen falls nur Einsen«	D2(X2,B2)	BC 1,D2(X2,B2)
BM	»Springen falls gemischt«	D2(X2,B2)	BC 4,D2(X2,B2)
BZ	»Springen falls nur Nullen«	D2(X2,B2)	BC 8,D2(X2,B2)
BNO	»Springen falls nicht nur Einsen«	D2(X2,B2)	BC 14,D2(X2,B2)
BNM	»Springen falls nicht gemischt«	D2(X2,B2)	BC 11,D2(X2,B2)
BNZ	»Springen falls nicht nur Nullen«	D2(X2,B2)	BC 7,D2(X2,B2)
BRO	»Springen falls nur Einsen« (RR Format)	R2	BCR 1,R2
BRM	»Springen falls gemischt« (RR Format)	R2	BCR 4,R2
BRZ	»Springen falls nur Nullen« (RR Format)	R2	BCR 8,R2
BRNO	»Springen falls nicht nur Einsen« (RR Format)	R2	BCR 14,R2
BRNM	»Springen falls nicht gemischt« (RR Format)	R2	BCR 11,R2
BRNZ	»Springen falls nicht nur Nullen« (RR Format)	R2	BCR 7,R2

In den folgenden Beispielen werden den ausführlichen Sprungbefehlen die Pseudosprungbefehle gegenübergestellt:

NOP	|ZIEL	BC	|0,ZIEL
BNE	|ADD	BC	|7,ADD
BO	|ROUT1(3)	BC	|1,ROUT1(3)
B	|FOLGE(7)	BC	|15,FOLGE(7)
BRZ	|5	BCR	|8,5
BRNO	|7	BCR	|14,7
BR	|11	BCR	|15,11

12.9. Gleichsetzen von Ausdrücken mit der EQU-Anweisung

Mit dieser Assemblerinstruktion wird einem Namen ein im Operandenfeld stehender Ausdruck zugeordnet. Die im Operandenfeld verwendeten Namen müssen vorher definiert sein. Mit Hilfe dieser Anweisung können Programme besonders wartungsfreundlich und flexibel geschrieben werden.

```
REG7      EQU    7
REG3      EQU    3
*
          AR     REG7,REG3
          MVC    AUSB,0(REG7)
*
EINSPR    EQU    *
*
LDEDO     EQU    L'DEND+L'DOR                    (1)
*
          ZAP    REFE(LDEDO),DEND                (2)
          DP     REFE(LDEDO),DOR
          ZAP    QUOT,REFE(L'DEND)               (3)
*
          MVC    AUSB(L'MASKE-1),MASKE
                                                 (4)
          NC     REFE+LDEDO-1(2),=X'F00F'
*
LOE       EQU    L'MASKE-1
*
          MVC    AUSB(LOE),SEND
*
```

(1) Der Name LDEDO wird mit der Summe aus „Länge des Dividenden" und „Länge des Divisors" gleichgesetzt.
(2) Der Dividend wird auf ein Rechenfeld mit der Länge LDEDO addiert.
(3) Der Quotient, der nach der Division entsteht, wird zur Adresse QUOT übertragen; er befindet sich bei der Adresse REFE und seine Länge ist L'DEND.
(4) UND-Verknüpfung auf ein Rechenfeld, dessen Adresse sich aus der Addition von REFE und der Länge LDEDO-1 ergibt.

Sachverzeichnis

Adressenfehler 72
Anzeigentabelle zur Befehlsübersicht 145
Argumentbyte 64
Assemblerprotokoll 77ff., 88ff., 100ff.
Aufbereiten von Dezimalzahlen (EDMK) 14, 134
Ausgabe von Daten 17
Ausschließendes-ODER-Verknüpfung (Exclusive Or) 54ff., 126, 127

BAL-Befehl (für Programmverzweigungen) 26, 27
BCT-Befehl (Branch on Count) 35ff., 136
BCTR-Befehl (Branch on Count Register) 35ff., 136
Bedienplatzprotokoll 95, 104
Befehlsstrukturen 144
Befehlsübersicht 144
Blocken 20
BXH-Befehl (Branch on Index High) 40ff., 137
BXLE-Befehl (Branc on Index or Equal) 40ff., 137

CLM-Befehl (Compare Logical under Mask) 133
CLOSE-Makro 20
Codetabelle 63, 66
Codierpraktikum 83ff.
– Auflisten von Vertreterprovisionen 83ff.
– Verarbeiten von variabel langen Feldern 96ff.
COMTY-Makroaufruf (Warten, s. TYPE-Makroaufruf) 143
CNTRL-Makro 23
Control-Makro 23
CP-Befehl (Compare packed) 109

Dateimerkmale 17, 18

Dateisteuerblock 18
Datenfehler 72
Datenverwaltungssystem 17
Dezimalbefehle (SRP, ZAP, CP) 106ff.
Dezimalüberlauf 73
Divisionsfehler 73
Druckaufbereitung 14ff.
Druckformular (Steuerung) 22
DVS 17

EDMK-Befehl (Edit and Mark) 14ff., 134
Eingabe von Daten 17
Eins-Subtrahierer 36
Eliminieren von Rechenstellen 1ff.
Entblocken 20
EQU-Anweisung (Gleichsetzen von Ausdrücken) 148
Erweitern von Dezimalzahlen 5ff.
Erweiterter mnemotechnischer Operationscode 146
EX-Befehl (Execute) 70, 138
EXLST-Makro 18

FCB-Makro 18
Fehlerarten 72ff.
Festpunktüberlauf beim Verschieben 31, 73
Festpunktbefehle 110ff.
Formularvorschub 23
Funktionsbyte 63ff.

GET-Makro 19
Gleichsetzen von Ausdrücken (EQU) 148

Hauptspeicherabzug 72ff.

IC-Befehl (Insert Character) 57, 129
ICM-Befehl (Insert Character under Mask) 130

149

LCR-Befehl (Load Complement Register) 4, 118
Listen für Fehlersuche 74 ff.
LNR-Befehl (Load Negativ Register) 117
Logische Befehle 119 ff.
Logische Stufe 19
Logisches ausschließendes ODER 126, 127
Logisches ODER 122, 123
Logisches UND 124, 125
LPR-Befehl (Load Positiv Register) 12, 116
LTR-Befehl (Load and Test Register) 12, 38, 115

Markierschalter 15
Modifikation eines Befehls (EX) 138
MVN-Befehl (Move Numerics) 119
MVCL-Befehl (Move long Characters) 120

ODER-Verknüpfung (Or) 122, 123
OPEN-Makro 20, 141
Operationscode-Fehler 73

Papiervorschub 22
Praktikumsaufgaben 83 ff.
- Auflisten von Vertreterprovisionen 83 ff.
- Verarbeitung von Feldern variabler Länge 96 ff.
Programmverzweigungen 24 ff.
- mit unbedingten Sprungbefehlen 24, 25
- mit Befehlen für Unterprogrammsprünge 26, 27
Prüfen auf numerischen Inhalt 64, 65
Pseudosprungbefehle 59 ff., 146
PUT-Makro 19, 142

Registerladebefehle 115 ff.
Rundebedingungen 8 ff.
Runden von Rechenergebnissen 1 ff.
- Methoden 1
- nach dem Dividieren 8 ff.
- nach einer Multiplikation 1 ff.
- und Eliminieren von Rechenstellen 1 ff.

SAM-Zugriff 18, 139

Schaltfunktionen (Logische Verknüpfungen) 50 ff.
Schaltbit 54
SLA-Befehl (Shift Left Single) 31, 110
SLDA-Befehl (Shift Left Double) 112
SLDL-Befehl (Shift Left Double Logical) 114
SLL-Befehl (Shift Left Single Logical) 38, 114
Sprungbefehle 136 ff.
- Bedingung Indexwert 137
- Bedingung Registerinhalt 136
Sprungmethode, beim Absuchen von Tabellen 46 ff.
Sprungtabelle 57, 67 ff.
SRA-Befehl (Shift Right Single) 30, 32, 111
SRDA-Befehl (Shift Right Double) 33, 113
SRDL-Befehl (Shift Right Double Logical) 114
SRL-Befehl (Shift Right Single Logical) 29, 114
SRP-Befehlsformat 3
SRP-Befehl (Shift and Round Packed) 1, 5, 106
STC-Befehl (Store Character) 62, 131
STCM-Befehl (Store Character under Mask) 132
Subroutinen 24 ff., 60, 61

Tabellenverarbeitung 35 ff.
Testen von Bitmustern 58, 69, 126
TM-Befehl (Test under Mask) 58, 60, 126
Trigger 15
TRT-Befehl (Translate and Test) 63 ff., 135
TYPE-Makroaufruf (Mitteilung an Bedienplatz) 142

Übersetzungsprotokoll 74
Übertragungsbefehle (MVN, MVCL) 119 ff.
Umformen von Daten 38, 39
Umsetzen und Testen von Datenfeldern (TRT) 63 ff., 135
UND-Verknüpfung (And) 53 ff., 124, 125
Unterprogrammtechnik 24 ff.

- ein- und mehrstufige Verzweigungen 24 ff.
- Rationalisierung der Programmierarbeit 24

Variable Feldlänge bestimmen 65 ff.
Verzweigen nach einer Indexabfrage 40 ff.
Vorschubsteuerzeichen 22
Vorzeichenprüfung 6
Vorzeichenumwandlung 53
Verschiebebefehle 28 ff., 110 ff.
- arithmetische 28 ff., 110 ff.
- Festpunktüberlauf beim Verschieben 31
- für Registerpaare 29, 30
- logische 29 ff., 114 ff.

ZAP-Befehl (Zero and ADD) 6, 108
Zeichen einsetzen in Register 57, 61, 129, 130
Zeichen speichern 62, 131, 132
Zeichenvergleich, logisch, mit Maske 133
Zeilenvorschub 23

MIX
Papier aus verantwortungsvollen Quellen
Paper from responsible sources
FSC® C105338

If you have any concerns about our products,
you can contact us on
ProductSafety@springernature.com

In case Publisher is established outside the EU,
the EU authorized representative is:
**Springer Nature Customer Service Center GmbH
Europaplatz 3, 69115 Heidelberg, Germany**

Printed by Libri Plureos GmbH
in Hamburg, Germany